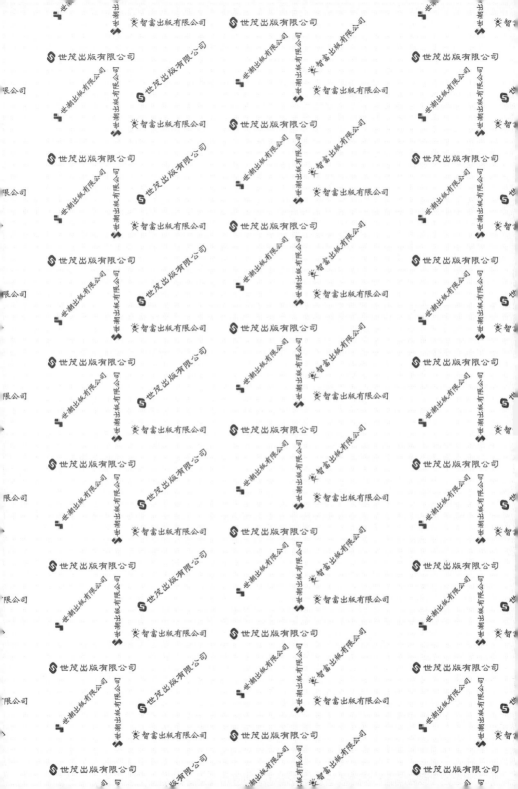

刻意觀察

從行為表象看穿真實人心

朱建國 著

前言

很多人都會有一些莫名其妙的舉動，即使循規蹈矩的人，偶爾也會做出令人難以理解的事情。可以說，在一般人的世界裡，時刻存在著怪誕行為。不僅如此，某些司空見慣的舉動，我們習以為常，不以為怪，但如果稍作思考，就會恍然發現其怪異之處。為什麼人們會見怪不怪呢?各種怪誕行為背後的心理動機是什麼?

本書的任務，就是解答以上疑問。其實，生活中一些怪異、荒誕的言行，都符合心理學規律，並不難理解。本書搜集了普羅大眾的各種怪誕言行及心理，涉及工作、生活、性別、人際交往、信仰、娛樂、消費等，既包括不同的方面，也包括不同層次的問題。

人類幾千年來，對於外部世界的認識已經很廣泛和深入了，但對內心世界的了解還很有限。我們能看清的部分，只是整個心理世界中的極小一部分，而且很多自以為看清的部分，其實並非真相，因此催生了行為心理學。

本書知識性與趣味性並重。閱讀時，各位會發現很多貌似正常的事情並不是看起來那樣，而是別有意味。本書將打開一個全新的視角，發現生活中更多的真相。

本書所描繪的世界是一個讓人感到意外的離奇世界，但它更真實。正如英國心理學家理查德・懷斯曼（Richard Wiseman）所說：「真相比虛構更離奇。」

前言——3

第一章 心理狀態

你喜歡什麼顏色？——14
為什麼自己的心情自己做不了主？——18
沒有空間界限會讓人失控——21
心情不好，怎麼辦？——23
換髮型真的能換心情嗎？——27
越不想發生的事越會發生——瓦倫達效應——29
坐電梯，大家都愛看數字——33

第二章 恐懼

為什麼有的人天生怕蛇，有的人卻更怕刀？——40
為什麼遇到意外的第一反應是僵立不動？——42

上班恐懼症——44
寂寞和人際交往令某些人感到可怕——47
絕對安全時，也會怕高——50
恐懼的東西都不在眼前——53
消除恐懼的辦法，就是接近恐懼——58

第三章

感知覺（一）

眼睛是會騙人的——64
為什麼字看久了會不認識？——67
不是手機在振動，而是你覺得它在動——69
為什麼在鮑魚之肆中久了，就聞不到腥味？——71
「視而不見」和「充耳不聞」——74
你一定又產生了錯覺——76

第四章 感知覺（二）

UFO多是一種錯覺——80
為什麼人人都覺得自己獨一無二？——83
心靈感應真的存在嗎？——86
這個妹妹我曾見過的——90
「一目十行」是什麼道理？——93
可以不用度日如年——95

第五章 夢境和潛意識

為什麼人人都做夢？——102
夢遊是怎麼回事？——106
不是鬼壓床，是「心壓床」——108
小心！你可能正在被催眠——110
那些年的冤假錯案——115

第六章 心理暗示

「事成」只因你「心想」——120
讓笑容帶動快樂的心——124
讚美他人的時候，你在幹什麼？——127
「安慰劑」安慰到你了嗎？——130
「福無雙至，禍不單行」是怎麼回事？——133

第七章 壓力

「壓力上癮」是怎麼回事？——140
為什麼壓力讓人失控？——145
越說「什麼都是浮雲」，就越不是浮雲——147
「捏捏族」永遠捏不碎壓力——149

第八章 負面體驗

為什麼人人都愛「幸災樂禍」？——154
為什麼得到的喜悅，難以抵消失去的痛苦？——156
「人生贏家」為何還憂鬱？——158
「破罐子破摔」也有道理？——162
恐怖片越恐怖，有人越愛看——165

第九章 強迫心理

人人都有強迫症的「潛力」——170
怎麼選擇都不一定滿意——173
對某些人來說，喜新厭舊是一件好事——177
不美就覺得有罪——179
一塵不染了，還是要洗——184

第十章 完美至上
愛情潔癖——188
完美主義者用拖延對抗焦慮——190
強者在於承認自己的不足——193
第十一章 變態心理
每一個人都有自戀心理——198
性偏好症是一種心理疾病——201
偷竊的動機不一定是錢財——203
「兒童控」有可能是「兒童虐待癖」——206
成年了，卻依然戀父、戀母——210
第十二章 從眾心理
從眾使人感覺安全——214

去個性化——216
三人成虎——219

第十三章　職場心理

是我們自己給週四下了魔咒——224
職場上謹防過度攀比心理——226
員工跳槽，有部分是管理者的原因——228

第十四章　消費心理

為什麼人人都喜歡物美價廉的商品？——232
免費體驗可能是陷阱——236
購買欲從何而起？——238
網購時更期待「福袋」——241
為什麼越沒有買到的東西越想買？——244

物稀不一定貴——249
「看走眼」背後的心理——252

第一章

心理狀態

你喜歡什麼顏色？

顏色似乎有某種微妙的力量，可以改變人的內心想法。以下是色彩心理學有意思的研究成果。

- 波利菲爾大橋是倫敦泰晤士河上的著名建築。它原本是黑色的，一度成為自殺者的必選之地。於是英國議會決定把橋身漆成綠色，結果自殺者減半。
- 用餐時，我們會有意無意地避開藍色、紫色或黑色的食物，這些顏色的食物會讓人想起有毒或是腐敗變質的東西。餐廳的桌椅也多是橙紅色，少見黑色、白色或藍色。
- 看到藍色的車子就要當心追尾。因為藍色屬於冷色調，給人相對較遠的感覺。看到藍色車子時，你已經離它很近了。

・保險櫃大多是黑色的，因為黑色沉靜，使人感覺安全性比較高。

・咖啡廳多用橙色的燈光，而不用青白色的螢光燈。因為橙色燈光和夕陽相似，有鎮靜的效果，螢光會使人頭腦清醒，喪失趣味。

色彩因為其作用過程不可見而顯得神祕。稍懂物理的人都知道，顏色的本質是一種能量波，不同的波長進入眼睛，產生不同的視神經反應，再給人不同的心理感受。既然是攜帶能量的，顏色就不僅會以光線形式影響人體，也可以穿透衣服作用於人的皮膚。色彩無處不在，任何人都能從中吸收一定的能量。而人體本身也是一個能量體，兩種能量相互作用，身體必然會有所感應，例如體溫和體液的細微變化。從這個角度來看，盲人也可以感知顏色變化，只不過刺激十分微弱，大腦可能意識不到。

顏色給人的心理感受與經驗有關。人在自然中生活，經常見到某一顏色的事物，就會把事物本身給人的感覺歸因到這一顏色本身。一般看到紅色會想到火焰和血液，看到藍色想到天空和海洋，看到綠色想到原野與田園。不同的色彩讓人在聽覺、觸覺、味覺等方面產生不同聯想，進而影響人的情緒。波利菲爾大橋原本是黑色的，讓人感到壓抑、嚴肅，而綠色讓人感到輕鬆自然、生機勃勃。利用顏色對心理的作用可以改善心情，例如脾氣暴躁的人可以把房間漆成藍色或綠色，舒緩緊張的情緒；鬱鬱寡歡、悶悶不樂的人在橙色、紅色房間中，心情會愉悅很多。

色彩心理學將色彩分為紅黃藍綠四原色。紅和綠、黃和藍，各是一對心理補色。心理補色的意思是：當看著一個紅色色塊超過四十秒，再看空白處，會看到一個藍色色塊；反過來，則會看到紅色色塊。事實上，就算注視著單一色塊，它的顏色也會變化。這其實都是能量在波動。顏色還可以帶來更為劇烈的生理反應。在紅色環境下，人的脈搏會加快，血壓升高，情緒也比較激動。有研究顯示，紅色會使人心跳加速十七%，所以心臟病患者尤其要避開紅色。而在藍色環境中，人顯得比較平靜，脈搏平穩，血壓正常。

顏色亦有冷暖之分。紅、橙、黃屬於暖色，令人興奮愉快；綠、藍、靛、紫等冷色則會使人心情趨於平靜，也讓人喪失活力或感到憂傷。

不同顏色給人不同的距離感。人會感覺紅色近在眼前，而藍色較遠。

色彩會讓人產生時間錯覺。日本色彩學家原田玲仁曾做過一個試驗。他讓同一批人分別進入藍色系和紅色系牆壁的房間，看在哪一種環境下人們會先出來。結果紅色房間的人四十分鐘就出來了，而藍色房間的人則待了七十分鐘。人在滿布紅色等鮮豔的顏色下，會覺得時間變得特別慢，而藍色則相反。所以，我們很少看到有人在速食店裡面等人。

最能刺激食欲的是紅色與黃色。灰色讓人沒有食欲，而藍色是最讓人沒有食欲的顏色。

對顏色的喜好會反映在一個人的性格上。喜歡綠色的人（可以稱之為「綠色的人」，下同）往往社會意識比較強，態度認真，能與周圍的人和睦相處，但警惕性非常高。紅色富有激情和魅力，「紅色的人」情緒起伏較大，動手比動腦子快。「藍色的人」有很強的團隊協調能力，為人也謙虛謹慎，但比較固執己見。黃色代表理性，「黃色的人」上進心強、喜歡新事物、討厭一成不變，喜歡無拘無束，有點孩子氣。白色給人冷冰冰的感覺，「白色的人」大都有單純美好的嚮往，對戀愛和事業有很高的要求，並有完美主義傾向，也容易對人冷淡，所以特別容易孤獨。「灰色的人」做事幹練，知識豐富，總為別人著想，面對阻礙時能夠冷靜思考，但做事保守，容易故步自封。「黑色的人」善於打動人心，能妥善處理各種局面，但也有逃避心態，害怕別人評論自己。粉色顯得溫柔，大多匹配女性。「粉色的人」通常有良好的家教，愛幻想，容易受到傷害。

合理利用顏色，就可以建立更加健康舒適的生活和人際交往。睡眠不好的人臥室應多採用白色和淡藍色，因為兩者都具有催眠作用。身體疼痛時，多看看綠色，因為綠色可以緩解精神緊張和肉體上的疼痛。

為什麼自己的心情自己做不了主？

人有時可以控制自己的心情，但有時自然環境也能決定我們的心情。

聽到「今天天氣好晴朗……馬蹄濺得落花香」的歌聲時，會被它帶得歡快起來。讀到李賀的「黑雲壓城城欲摧，甲光向日金鱗開。角聲滿天秋色裡，塞上燕脂凝夜紫」的詩句時，也會跟著升起肅殺、緊張之情。這還只是間接感受。當一個人身處秀麗的崇山峻嶺之中，會駐足欣賞並暢快呼吸，或放聲大喊。所以旅遊是改善心情的好方法之一。

清新明朗的天空能帶給人好心情，因為天空的光線、溫度、氣味都給身體以柔和的刺激。身處在其中，感覺無比舒服，心情也跟著變好。陰天的時候，溫度低、氣壓高、光線暗，造成身體調節功能失調，容易出現煩躁、鬱悶等消極情緒。

空氣中的氣味是影響人心情的一個重要因素。淡淡的清香使人身心享受，臭、騷、膻等氣味可能讓人瞬間興致全無，甚至引起身體不適，例如打噴嚏、嘔吐、頭暈。當一種好聞的氣味過濃，也可能令人反感，例如濃郁的香水味。

除了空氣，環境也很重要。寬敞的地方使人更放鬆，更能接受各種資訊。人們在寬敞的房子裡比在狹小的房子裡更容易對彼此產生好感，這是美國環境心理學家格里菲特研究發現的。如果想說服某人，最好選室外。開闊的場地給人一種心胸開闊的感覺，讓人願意敞開心扉，接受別人的意見。而且戶外充滿了各種聲音、色彩、氣味的刺激，當人的五官受到刺激，注意力就會分散。

人們喜歡接近晴空萬里的大自然，這是在趨利避害，是受原始欲望的驅動。希臘哲學家說，宇宙萬物都有回歸原始位置的欲望。所以，石頭會滾下山崖，沉入大海；樹葉最終回到泥土之中；人走得越遠越久，越思念家鄉。人是從自然中演化而來的，每一個細胞都是自然的賜予。當人接近大自然，就會有回到母親懷抱的安全感，心生愉悅，怡然自得。

幾乎所有生物都喜歡水。科學家發現，人類起源於海洋。人們親近水，有「回歸」的意味。

有時候，人反而在陰雨天心情更開朗。此時，人是在尋求刺激。喜歡享受刺激的人，更鍾愛狂風暴雨。但大多時候，或對大多數人而言，更喜歡風和日麗、晴朗的天氣。雖然人類演化過程中，也有烏雲密布、風雨交加、電閃雷鳴的時候，但相比風和日麗的天氣，還是少的。所以人們更習慣晴好的天氣，身處其中會更愉悅。再者，在壞天氣裡，人容易生病。

寬敞明亮、空氣清新、鳥語花香或優美樂曲相伴的環境，還會讓人暫時忘記生活的壓力。人生而有壓力，因為脫離了自然，得不到回歸。為了跟上時代潮流，人會展開各種行為，未達成果之前，也一直有壓力。此時，回歸大自然，享受好天氣，能讓壓力得到短暫釋放，自然會快樂起來。

自然界中的人，心情會受到自然環境的影響，而心情又會帶動人想法的變化。按照唯物論的觀點，人所有的心理活動都起止於神經反應，都有其生理機制。精神依託於物質，也許有一些心理現象還沒有科學解釋，但它們不能脫離物質存在。自然環境的變化會影響人體，當然也會作用於人的心情。

沒有空間界限會讓人失控

經常遇到塞車的人可能會患上路怒症。路怒症的表現是：開車罵人，隨意壓線、超車、按喇叭。美國的舊金山車水馬龍，一天下班高峰，路上大塞車。塞車時間很長，突然有個人跳下車，拿出手槍一路射擊過去，打死了十二個無辜車主。這個人沒有任何暴力行為的紀錄。

- 一早起來，精神抖擻地出門，卻被車站幾十個同路的人嚇怕。看到那輛熟悉的公車緩緩開來時，發現車上的人比等車的人還多，而且前胸貼後背，好像整輛車都被壓垮了。此時真令人感到絕望。
- 街市上人來人往，被擠得行動不便時，人只想儘快離開，一點購物欲也沒了。
- 很多打人事件發生在嘈雜、擁擠的公共場所，例如車站、購物中心、公車上。

在擁擠的環境中，因為空氣悶熱，人會眩暈、呼吸急促甚至窒息。加上聲音嘈雜和肢體碰觸，於是人開始煩躁不安。時間越長，情況越嚴重，腎上腺素分泌量持續增加，最後人可能會精神崩潰或行為失控，做出瘋狂舉動。

人在擁擠的環境中情緒爆發、行為失控的原因，可以細分為幾個方面：第一，人人都渴望有自己的空間。當別人進入這個空間，就是蓄意冒犯。第二，擁擠必然嘈雜。人多聲音就大，再好聽的聲音，分貝過高都是雜訊。即使是細微的、聚集起來也不至於太響的聲音，人也無法忍受。因為它會持續刺激耳朵。耳朵的接收能力有限，同時播放十首優美的音樂，人也會崩潰。第三，擁擠帶來的視覺刺激。和聽覺一樣，視覺的接收能力也是有限的。尤其當我們和親朋好友忽然被沖散而要大海撈針時，簡直不勝煩躁。第四，溫度。冬天還好，可以暫時取暖，但時間一過，也會開始覺得噁心。第五，講求衛生的人都知道，人身上無時無刻都攜帶多種細菌，處在人群中，可能會互相傳播細菌。最後，有的人害怕自己的醜態暴露在別人眼前。

是否會產生擁擠感，取決於我們的容忍度和心情。若工作壓力大，可能一進入人群中就受不了。也有人會這樣安慰自己：「擠擠沒有什麼，人本來就多嘛，不擠就別辦事了，一會兒就過去了。」

人在擁擠的環境中容易暴露內心的醜態，有人就專門抓住這樣的機會觀察人性，積累素材。例如女性在社會交往中較合群，所以近距離內較有親和力；男性的競爭意識較強，如果和他人距離過近，可能激發其攻擊性，也會產生消極情緒。

西方人認為，一隻手臂的距離就是人與人之間最合適的距離，超過就是挑釁。

心情不好，怎麼辦？

當一個人處在悲傷情緒之中，他越是告訴自己「快點從悲傷中走出來吧」，越是難以實現；為了一件事正氣頭上，告誡自己「千萬要忍住，不要遷怒他人」，此時如果有人上前搭話，自己會無端地把火發在他身上；有人誇獎自己時，心裡好高興，但是提醒自己「不能面露喜色，那樣就顯得驕傲了」，可就算不笑，臉上也藏不住得意的神情。

心中的悲喜，是外界環境變化引起的自然反應。強行壓抑是反自然的，當然不能成功。改變心情有兩種方法：第一，改變身體環境或外界環境；第二，釋放心情。下面介紹三種比較有效的具體方法。

第一，給身體補充水分。喝水是延年益壽的方法之一，也是亮麗皮膚的基本原則。多喝水既是為了健康，也是為了美麗。這些我們已經耳熟能詳，但其實喝水還有利於調節心情。

身體攝入、接近或排出水的活動，都能改善一個人的心情。例如和情人分手後大哭一場，就覺得舒服多了。心情鬱悶時，藉由跑步出汗，把鬱悶「蒸發」出來。洗澡、游泳和淋雨，雖然開始不適應，過一會兒就能陶醉其中。喝水、喝飲料、喝牛奶時都能感覺到液體順著喉嚨滑下的暢快。這都要歸功於水無可比擬的流動性。

專家多年研究發現，當人長期處於同一狀態，容易產生負面情緒，如果適當地改變自己的狀態，心情就會產生變化。人對負面情緒有自我防禦功能，那就是荷爾蒙的平衡調節。大腦製造出來的腦內啡被稱為「快樂物質」，而腎上腺素被稱為「痛苦荷爾蒙」。人在一成不變的狀態下情緒會變糟，是因為兩者失去了平衡，腎上腺素占了上風。而喝水這個動作能降低腎上腺素，並最終排出體外。這樣就阻斷了負面情緒，給人提供一個喘息的機會。炎熱的夏天，人容易心情煩躁，多喝水不僅可以補充水分，還可以及時調整心情。此外，總有一些遭遇會讓我們瞬間緊張或激動，此時腎上腺素也會飆升，喝水也能使人鎮定下來。

喝水的作用不僅在於調節或平復情緒。英國杜倫大學研究發現，學生在考試前喝一杯水，可以提高認知能力，在考試中的表現更出色。上班族在壓力過大或需要做出決定之前喝杯水，也可以使頭腦變得清晰，所以建議可以每個小時喝一次水，每兩、三個小時排一次尿。

第二個方法是繪畫。繪畫已經成為一種藝術治療方法。它能夠產生作用，是因為人內心的酸甜苦辣都可以透過繪畫展現出來。運用投射技術，繪畫療法可以進入人們的無意識層面，探究人格特質和不易察覺的內心衝突。

一幅自己創作的畫，就是自己的精神世界。

某學校請心理老師輔導一名憂傷的女學生。這名心理老師讓這位女學生畫畫。女學生畫出來的圖像是：一間小房子孤零零地立在中間，兩邊各是一座大山。心理老師分析，中間的小房子可能是女學生自己，居於兩旁的可能是她的爸爸媽媽。該女生聽完竟哭了起來。原來她的父母離婚了，並且有了各自的家庭。她覺得自己像是多餘的人，父母不再愛自己了。

繪畫能否產生治癒功效，關鍵在於繪畫者能否從圖畫中自我覺醒，意識到只有自己能改變自己。如果不能覺醒，遇到一個知音也有同樣的功效。俞伯牙奏〈流水〉，可能只是在表達一種情懷，不是什麼消極情緒，但如果一直沒有人欣賞，他也會鬱鬱寡歡。所有的藝術品，無論是直接展現作者心境，還是再現外界環境，都是發自內心的輸出，都需要一個媒介和通道釋放出去。當然，有的人可以在完成一件作品時就釋然了，也就是自我覺醒，這是比較高的領悟。

第三個方法是養狗。調查發現，不養狗的心臟病患者在病發後的死亡率是養狗者的九倍。可見，與狗朝夕相伴的人身體素質會有所提升。因為帶狗散步，或與愛犬之間互動遊戲會增加運動量。從心理上說，撫摸、抓撓、拍頭這些動作，也是在鎮定自己。狗又是一個十分稱職的聽眾，所有煩惱和心事都可以向牠傾訴，不用擔心洩露出去。從人際交往來看，養狗是一個很輕鬆的話題，能輕易打開和陌生人的交談。基於以上這些因素，養狗的人能更好地適應日常生活中的各種壓力，大大減少負面情緒出現。但要注意的是，不是所有寵物都和狗一樣有助舒緩心靈。狗的獨特性在於牠的憨厚可愛和善解人意，這是某些動物無法比擬的。

總之，心由境生，外界環境雖會改變心境，但如果不能改變環境，就要儘量調適心情。本節只列三種方法，其他途徑也是異曲同工。

換髮型真的能換心情嗎？

人在剪髮後多少會有些不適應，感覺周圍的人看自己的眼光都有些不一樣。剪髮的心境不只這麼簡單，剪髮的過程是奇妙的心路歷程。大部分人都特別在意自己的頭髮，也會長時間保持一個髮型。去剪頭髮時，總是會對設計師詳細說明該怎樣修剪。我們會在擔心和期待中看著設計師工作，他們能否按照我們的要求修剪我們的頭髮會影響我們的心情。快快樂樂地去剪髮，如果自認為剪得難看，高昂的心情就會低落下來。「好鬱悶啊，去剪個髮吧」，如果剪得很滿意，壞心情就會一掃而光。

還有一種情況，抱著嘗試的心態去換一個全新髮型，結果自己看著滿意，別人見了也稱讚，人會在那一天，甚至更長的時間裡都很高興。

關於快樂有兩種論述：一種認為，快樂是建立在金錢等物質基礎上的。沒有錢怎麼吃飯？沒有錢睡在哪裡？別人開車出去玩，自己連高級一點的消費場所都去不了，這樣的生活不可能快樂。另一種說法是，快樂是精神感受，與金錢等物質無關。後者更積極一些。因為物質消費最終帶來的仍是精神感受，如果可以用經濟的辦法直接影響精神，又何必非要抬高生活水準呢？

人的精神世界比物質世界豐富千萬倍。人們追求物質享受，是因為追求精神享受太難了，或者說是懶得思考。人們的認識是有限的。先不說精神，就是耳聞目睹的物質世界，我們用一生的時間也認識不完。一旦人開始反思自己的內心，就更覺得心力不支。況且內心的收穫，不像物質世界一樣，有一個量化的衡量標準。所以人們只好專挑軟柿子吃，從追求物質開始。當然，任何一個人都同時有精神追求，不然人和機器就沒有區別。

雖然追求物質享受的過程中可以找到快樂，但是由於人的資產有限，或勇氣有限，不能走得太遠去旅遊，也不能無所顧忌地去遊玩。結果往往是蝸居在一個地區，過著幾乎一成不變的生活。就算這種日子舒適安逸，人遲早也會厭倦，精神萎靡，千方百計想逃離。其實，絕大部分人應該努力側重精神層面的享受。

外形的改變真能對內心起到這麼好的作用嗎？美國研究人員透過對某監獄裡一些面容有損傷的犯人進行整形，並對他們出獄後的表現進行追蹤記錄，發現整過形的犯人再次犯罪的可能性比沒有整形的犯人小得多。

快樂或悲傷都是內心的感受，我們無法進入內心趕走消極情緒和情感，但是可以透過改變外在形象讓內心充盈喜悅，擠走悲傷、憂鬱和焦慮。

越不想發生的事越會發生——瓦倫達效應

如果你像小說《裝在套子裡的人》的主人公別里科夫一樣，每天心神不寧，心裡默念著「千萬不要出什麼亂子」，可能真的就會像他一樣，經歷很多「亂子」。

「空中飛人」卡爾・瓦倫達（**Karl Wallenda**）擅長高空走鋼索，有很多精彩的演出。然而，在一次為政府官員和多家媒體表演中不幸墜落身亡。他的妻子回憶說：「我就知道他這次一定會出事。因為他上場前不停地說，只許成功，不許失敗。以前，每次成功的表演，他只專注於走鋼絲這件事，而不去管這件事可能帶來什麼。」

心理學家把這種患得患失的心態命名為「瓦倫達效應」。此效應的結果就是，心裡反復念叨不要發生的事卻反而發生了，即不期然而然。

為什麼會有這種結果？一名射手開槍時反復告訴自己「不要打偏」，卻往往會打偏。因為大腦已經想像出打偏的情景。看似事與願違，其實是心想事成。

這種「不期然而然」分為兩種情況：一種是期待自己不要說錯某句話，或者不要做出某個舉動；另一種的行為主體不是自己，而是他人，例如前文提到的「出亂子」。我們分別予以解釋。

美國哈佛大學心理學家丹尼爾・魏格納（Daniel Wegner）傾注了大量精力研究了以自我為主體的「不期然而然」。他發現，這種行為都是發生在一瞬間，話是脫口而出，動作是一瞬間不自主完成。這是內心壓力在作怪。當我們竭力希望自己不要說某句話、做某個動作，會給自己下相應的命令，也就是給自己施加壓力，這是下意識地。他的結論是：重壓之下，我們可能會朝著自己竭力避免的方向前進。這樣理解起來會更輕鬆：某句話或某個動作本身就是一條指令。我們的意識可以判斷出執行這一指令是否合適，合適就執行它，不合適則不執行。這其實是很自然的。但是，對於不合適的指令，我們還會有意地給自己再下一個命令，來監督自己不要執行它。承受這種壓力時，原先的指令不會像我們期待的那樣消失，而是反抗或者說是逃脫。一旦壓力過度，它就會以極快的速度通過潛意識表現出來，快到我們的意識來不及察覺，只能事後「恍然大悟」。

大腦不聽自己命令，也不全是瞬間體現。情侶分手後，越是想忘記對方，越難以忘記，這就是一個長時間的過程。當我們想要忘記某個人，心裡會先形成這個人的印象，然後告訴自己「不要再想他」。是你先想了他一遍，才嘗試去忘掉他，這其實又加深了記憶，所以越是想忘掉的人越忘不掉。努力壓抑某種想法會導致這種想法更為強烈的報復。我們的大腦有點笨，不能直接在記憶中刪除印象，而是先提取出來，再否定它。生活中的一些小事比較容易忘記，但是融入情感的記憶就難以忘記。唯一的辦法，也許只有不想要忘記這件事。

一個團隊之中也會出現這種怪事。眾將附議，諸葛亮無奈之下令馬謖守街亭，但同時令王平協助（其實是監督）。雖然說馬謖失守街亭主要原因是他剛愎自用，但是假設在馬謖決定紮營山上之時，王平默然走開，馬謖問他：「身為裨將，為何不進言？」他只說：「將軍自有高明判斷。」結果會怎樣？可能此舉不會使馬謖回頭，但至少不會加速他做出錯誤決定，更有可能使他醒悟，諸葛亮擔心的事也許就不會發生。我們可以得到這樣的啟示：忠言不必逆耳，甚至可以是沉默。

至於另一種「不期然而然」的情況，是我們選擇性地記住了巧合事件，而忽略大量非巧合事件。例如你和朋友苦等某人，但他沒有來，又聯繫不上。你預感他出事了。去他家的路上，其實你心裡告訴自己：「千萬不要有事。」但當朋友安慰你說：「不會有事的，你別自己嚇自己了。」你的回答大多是：「肯定出事了！不然他早該來了。」同樣的事，你欺騙自己，卻聳人聽聞。我們再以面試為例。假設你不好意思亮出學歷，你會在心裡默念：「最好不要問我學歷。」但這種問題一般都會被問到。如果被問到，你會在心裡說，到底還是問了；如果沒有被問到，你會心想，默念真靈。前者是恐懼，後者是心理暗示，但對你都是刺激，你都會記住的。當然，這和朋友出事的嚴重性並不一樣。

在潛意識作用下，很多時候我們難以控制自己的言行，對此不必焦慮，放鬆心情就可以「避免」不好的事。如果預料到了遠處的事，就冷靜面對，做最壞的打算，盡最大的努力。沒有必要再騙自己，這樣，應驗不會失落，幸免也不會太過歡喜。

坐電梯，大家都愛看數字

- 幾乎每個人乘坐電梯時，都會不時盯著顯示板上的樓層數。有人會一直看著，直到走出電梯；有人是看一下，看看別的地方，過會兒再看一下；有人會在心裡默念樓層數，然後看看是否和心裡的數吻合。走出電梯時，往往有兩種情況：到低層的人，步伐比較悠閒（早上著急上班的除外）；到高層的人，步伐較快。
- 火車有些座位是連在一起的。在起點站乘車時，你會發現，眾人一擁而上地先選一排座椅兩端的座位，不會直接坐中間。
- 在餐館、咖啡廳，當座椅有高大靠背，人們更偏愛裡面的位置，不喜歡外面的位子。

上述這些偏好，我們都曾目睹或經歷，但你可能不知道，它們都源於人渴望私人空間的共同心理。

準確來說，私人空間不只在人類中存在，其他動物中也有。刺蝟實驗就證明了這一點。

把一群刺蝟關在一個寒冷的空間裡，觀察牠們的行為。由於難以忍受寒冷，刺蝟們會聚攏起來以互相取暖，可是由於身上帶刺，太過靠近時，牠們又會被周圍同伴刺痛，就不得不分開。距離過遠時，又被寒冷逼得靠近。如此反復幾次，刺蝟們終於找到一個合適的距離，既不會感覺到冷，也不會被刺痛。

實驗中，刺蝟們自然形成了私人距離。在這一點上，人就是一隻刺蝟，心裡有一個私人空間，與他人保持一定的私人距離，才會感覺舒適。需要指出的是，這一私人空間不是自己主動創造，而是自然形成，也就是說，它是潛意識裡的東西。

按一個人與其他人交往的親密度，大致可以分為三種：陌生人、朋友、親人。在公共場合，與這三個層次的人的私人距離是：陌生人三．六～七．五公尺，朋友〇．四～一．二公尺，親人〇．四五公尺以下。一般來說，一個人的私人空間大小是：前後〇．六～一．五公尺，左右一公尺。

電梯空間比這個空間略小。所以，當人進入電梯，其實是與他人的私人空間出現交集，也可以說是他人侵入了自己的領地。雖然知道沒有人會傷害自己，但是心裡還是會感到不舒服。在電梯裡，我們會儘量避免與陌生人的身體接觸。我們感覺如坐針氈，渴望快點「逃出去」，所以會特別關注電梯升降到第幾層。如果還沒有到自己的目標樓層，就會在心裡默念數字，希望快點到。

以上清楚說明了乘電梯看顯示板的表現。其他情況也是因為私人空間受到侵犯而產生的焦慮和恐懼，或者是防止私人空間被侵入，或者是避免侵犯別人的空間。

乘坐電梯的同時，我們心裡已經知道，自己是處在懸空狀態，這也會帶來不安，樓層越高越是不安。它與「私人空間效應」共同起作用，促使人急切地走出電梯。而低層相對高層安全，人們出來時，自然比高層更安然一些。

火車上，人人不搶中間的座位，是因為兩側的位子有一邊是沒有「私人空間」的玻璃或鐵杆，能更好地避免與他人接觸。同時，坐在中間也會打擾到他人，例如睡著時會不禁把頭靠在別人肩膀上。

餐館或咖啡廳裡，由於高靠背的座椅本身已經為人們創造了一個相對封閉、有安全感的個人空間，人的恐懼或防禦心理明顯減弱。而靠外邊的位置，可能會被服務生或來往的人碰到，所以人們會下意識地避開。

那麼，為什麼人會產生私人空間心理呢？這是源於人的天性。人類在長期與自然鬥爭的過程中，對永遠未知的自然產生了巨大的恐懼。這種恐懼遺傳了下來，所以人們在心裡渴望透過接近來獲得安全保障。人在與自然鬥爭的過程中，也養成了勇於開闢的性格和奔向自由空間的渴望，這些也遺傳了下來，所以人在獲得一段時間的安全後，又希望獨處。這兩種天性是矛盾的，只能在時間上交叉實現。最終和刺蝟一樣，找到一個相對安全又不太受干擾的私人空間。但是請注意，這只是一個不太受干擾的空間，與人內心想要的自由空間還差很遠，甚至可以說，人類永遠無法獲得這個自由空間。

現代高度文明的生活方式也加劇了人們對自由獨處的渴望。都市人口密度大，生活節奏加快，由此形成了巨大的心理壓力。於是，人人在心裡渴望到開闊空間釋放壓力。

事實上，即便是一個人單獨乘電梯時，也會對狹窄的空間產生焦慮和不安，害怕自己出不去。當這種擔心或害怕變得比較嚴重，就是幽閉恐懼症。在大城市，五％的人有幽閉恐懼症。他們對電梯、浴室、儲物間等相對封閉的空間有莫名的恐懼。長時間待在裡面，他們會表現出心慌、眩暈、視力減退、渾身發抖的症狀。

當然，幽閉恐懼症不全是因為都市生活壓力大或者過度渴望自由，更大的病因是個人的早期恐懼經歷，他們把早期恐懼經歷置換到電梯這樣的環境中。當然，這種置換而來的恐懼不限於電梯等封閉環境，還有其他多種環境。

經常受私人空間支配的人會逐漸形成習慣，最後也可能患上幽閉恐懼症。不過，我們可以靠意志力擺脫它的控制。既然選擇在都市生活，就得坦然面對狹窄的活動空間。如果不能換到相當開闊的環境，就適應它吧，試著和周圍的人交流，不要整天「宅」在家裡。

此外，考慮到人人都有私人空間，日常獨處和人際交往中也要儘量避免「侵犯」他人。即使是夫妻，長期膩在一起也不好，最好是時而拉開適當的距離。不要好奇別人的隱私，同時也要保護好自己的祕密。

第二章

恐懼

為什麼有的人天生怕蛇，有的人卻更怕刀？

恐懼是一種負面心理體驗，也是人體的自我保護機制。恐懼起源於原始人類，是人的生存本能對死亡的抗拒。最初的恐懼是人在死亡時的心理體驗。人意識到自己要死亡時，就開始有了恐懼。後來，活著的人生病或遇到各種危險時，也離死亡很近，基於本能對死亡的抗拒，人類恐懼的範圍就擴大到任何與死亡有關的事物和行為。這是一種以偏概全的自我防禦。後來人類與自然鬥爭的過程中，恐懼事物的範圍再次得到擴大。人們發現，很多未知的事物都潛藏著危險。但是，由於其未知性，人無法預先判別什麼是危險的，什麼是安全的，只好再次以偏概全，對未知的事物都有某種程度的恐懼。

有的恐懼是後天的，有的是先天的。恐懼鋒利的匕首就是後天的。當它離我們一公尺以外，我們不怎麼會害怕，只有近在眼前才會有意識地閃躲。人一生下來就害怕蛇，即使遠在三公尺以外，也希望牠走得越遠越好。把玩具刀和玩具蛇擺在從來沒有見過刀和蛇的小孩面前，小孩子會本能地避開蛇，有可能伸手去玩刀。

我們知道，刀對人的傷害比蛇來得快、來得猛。按照人類趨利避害的本性，應該是更害怕刀子才對。

人類對蛇的恐懼由來已久，源於從祖先那流傳下來的基因。在遠古時代，人類以捕獵採集為生。受醫療條件限制，一被毒蛇咬到，大多時候會死亡。雖然不是所有蛇都有毒，而且以人類的智慧，完全可以分辨有毒蛇和無毒蛇，但是在遠古時代，生產力低下，人們生存尚且難保，沒有經驗去分辨有毒蛇和無毒蛇，所以原始人類只好以偏概全，有毒無毒都害怕。

新幾內亞島上的人似乎是個例外，蛇根本嚇不到他們。原來，新幾內亞島和世界其他地方不一樣，那裡的蛇非常多，而且還咬死了許多人。可以說，從小時候起，新幾內亞人就與蛇為伍。他們遇到的蛇三分之一有毒，漸漸地，他們學會分辨有毒蛇和無毒蛇，並且時常抓沒有危險的蛇來吃。

從刀子這一方面也可以得出同樣結論。刀子是人類為了生活發明的。它一問世，人們就熟悉了。再者，人對其發明的事物，可控性更強。

現在我們有抗蛇毒血清，蛇對我們已經不像原來那樣危險，按理不至於恐懼，但這畢竟是很近的心理體驗，還不至於改變原來的恐懼基因。也許再過幾千年，人類就不會像今天見到蛇一樣，嚇得倒退三步了。

可見，再恐懼的東西，只要掌握了一定的技巧，也可以淡化本能的恐懼。刀子的危害雖然嚴重，但正確利用後，其切割物體的功能會給生活帶來很大的便利。因此人們逐漸熟悉刀，並學會了規避刀可能帶來的危險。

為什麼遇到意外的第一反應是僵立不動？

人越是在緊急時刻，越會表現出原始人類的特性或本性。按照常理，動物遇到危險時，會在第一時間避開。但事實並非如此。當一輛車駛向我們，我們不是拔腿就跑，而是先僵立在原地不動，過一會兒再跑開。古代戰爭時，雙方浩浩蕩蕩奔至交戰區，馬上要刀兵相接了，可是雙方在十幾丈遠的地方開始慢下來，最後停下來，擺開陣勢。有的小動物看到鏡子裡的自己時，先直愣愣地看著，一動不動，過幾秒，忽然如臨大敵，後退幾步。

包括人類在內的所有動物，處理意外情況的行為順序都是先凍結，再逃跑或戰鬥。人們面臨重大事件的行為順序也和發生意外時相似。例如前述的戰爭現象。其實，凍結反應普遍出現在生活中。回想一下，今天早上穿了一件新衣服，到公司時，平時不怎麼愛說話的同事誇了一句「真漂亮」，你是不是先愣一下，然後不自然地說「謝謝」？出門時想起沒有鎖門，會不會恍然大悟地愣一下，然後回去鎖門？

凍結反應是指，一旦感到威脅，立刻保持靜止狀態。這是邊緣系統為人類提供的有效防禦方法。邊緣系統是高等脊椎動物中樞神經系統中，由舊皮層演化成的大腦組織，以及和這些組織有密切聯繫的神經結構和核團的總稱。邊緣系統透過與下視丘及自主神經系統的聯繫，參與調節本能和情感行為，以維持自身生存和物種延續。

為什麼凍結是為了防禦呢？第一時間逃跑不是更好的防禦嗎？看來不是的。這一防禦機制要追溯到人類的原始時期。原始人類橫跨了非洲大草原。在草原上，視野開闊，遮蔽物也少，彼此都暴露在眼前，這就使原始人類面臨著很多大型肉食性動物的威脅。他們發現，這些動物跑得比他們快，力氣比他們大。最重要的發現是，很多動物，尤其是大多數肉食性動物，對移動非常敏感。現在我們也知道一些生物常識，很多動物視覺不怎麼靈敏，鼻子、耳朵卻很靈。移動對動物的感官刺激比靜止強烈。此其一。

其二，即使動物對原始人類沒有食欲，人也不能妄動。草原上的動物都十分機警，移動對牠們可能是攻擊信號，為了避險，只好反擊「想要攻擊自己的人類」。

其三，有的肉食性動物是不吃死屍的。

動物對靜止的物體提不起興趣或察覺不到，這一點被高等脊椎動物大腦的邊緣系統發現並記住了。人類在漫長的遷徙過程中，形成了發現危險動物就先凍結不動的條件反射，最終生存下來。

這一條件反射至今仍然存在，而且影響範圍逐漸擴大。在重要場合，我們有可能會屏住呼吸或輕輕呼吸。例如求婚時，男方問完女方「願意嫁給我嗎」之後，會逐漸屏住呼吸，直到女方回答才恢復正常。

上班恐懼症

只有上班，才能賺錢，才能在這個社會上安身立命。但有的人害怕上班，或者在上班時充滿不安，所以頻繁跳槽，最終收穫甚微。這就是上班恐懼症。

大學畢業生中，頻頻發生害怕上班的現象。他們上班的時候想辭職，工作時好像有神經衰弱，上班變成了一種煎熬；換了一份工作，還沒有做多久，就想試用期一結束就辭職。之所以會這樣，是因為他們過於看重自己的意見和需要，很少站在企業管理者或其他人的角度考慮問題。他們認為自己有豐富的專業知識，足以應付相關技術和管理問題。然而就算是簡單的工作，學校裡學到的知識也不完全適用。一旦遭到拒絕或反駁，他們心裡或有委屈，或有憤怒，或有恐懼。若不認清現實、調整心態，即使換一份工作，也是同樣的結果。時間一長，就會對工作本身產生抵抗情緒，認為上班是一件苦差事。

這是有深層原因的。一九八〇後、九〇後的大學生從一出生就備受家庭和社會關注，被視為掌上明珠和未來的棟樑。家長和社會為他們創造了優良便利的學習條件，同時敦促他們努力學習。大部分學生自己也努力，不是注重專業知識的學習，就是注重培養社交能力。然而，學校的環境永遠無法變成真實的工作環境。公司職員這一社會角色可能遇到的狀況，永遠不可能在一個人還是學生時，完整經歷到。

上班恐懼症分為兩種，一種是週末或假期過後，面臨開學或上班倍感焦慮，上班時也心神不定；一種就是不敢去上班，害怕去了會發生什麼危險。後一種的成因可以用一句話來概括，就是「嚇到了」。一位銀行職員觀看美國「九一一」事件影片後，就對上班產生極大的恐懼，開始不敢去上班，擔心一去不回。勉強去了兩天，一直提心吊膽，終於不堪其苦而辭職。

上班恐懼症多發生在性格內向、很少接觸社會的畢業生身上。畢業生適應職場後，也可能再有上班恐懼症。週休二日過後，上班族尤其要注意這一點。

春節長假之後，小魏無精打采地來上班。但他腦子裡總是浮現春節期間和朋友玩樂的場景，無法集中精力在工作上。一個月之後，症狀總算好點了，最起碼每天不「神遊太虛」了，但是沒有根除。每到週五下午，他就異常興奮，對自己的要求又放鬆下來。週六不是拚命睡覺，就是在外面玩，還經常通宵。週日晚上，由於明天又要上班，心情異常緊張。到了週一，覺得特別累，害怕去上班，好像得了神經衰弱一樣。

這種上班恐懼症非常普遍，所謂的「星期一症候群」也包含在其中。人就像一根橡皮筋，工作時拉得緊緊的，一到休息時就放鬆下來。休息日一結束，重新又被拉緊。這樣反復放鬆和緊張，如果不能及時做好心情調適，很容易對上班感到疲倦和恐懼。「上班恐懼症」不一定只發生在上班族身上，學生中也有類似現象。高中生的

「工作」強度和密度都比上班族大，一旦放長假，更容易對學校敬而遠之。其實生活壓力無時無處不在，嚴格來說，人們早上不願起床，也是一種上班恐懼症。

追根究底，是現代生活的節奏加快了，而放假時相對自由，生活節奏緩慢。如此一快一慢，身體和心理都難以快速適應。應對辦法是雙向調整：在工作和學習時，要學會放鬆，沒有一勞永逸；在休息日或假期，要時刻知道工作是永恆的，休息是短暫的，也沒有「一逸解百愁」。

寂寞和人際交往令某些人感到可怕

家庭、學校、社會，既可能造就寂寞恐懼，也可能造就社交恐懼。

寂寞恐懼的表現是，過分渴求親近和歸屬；獨處時感到不舒服，害怕自己照顧不了自己、充滿無助感、想逃避；經常有被人遺棄的念頭，感覺自己可憐；只要能時刻得到別人的溫情，寧願放棄自己的個人興趣、人生觀。害怕獨處的人會越來越懶惰、脆弱、缺乏自主性和創造性。在心理學上，寂寞恐懼被定義為依賴型人格。

害怕獨處的一個重要原因就是存在感被削弱了。正常情況下，獨處和群處的人都有存在感。但只有獨處時，人才會最接近自己，存在應該更強。害怕獨處的人忽略了自己許多真實的想法而去感受和迎合他人。他們以為這樣會多一點存在感，其實沒有。他們找到的是一種虛假的安全感。要想找回存在感，只有克服寂寞恐懼，發現真實的自我。

害怕獨處和害怕被拋棄的感覺差不多，可以追溯到嬰兒與母體分離時期。心理分析師安娜・黛巴海德認為，當孩子意識到自己和媽媽是兩個個體，不可能永遠在一起，這種恐懼就存在了。雖然玩具可以填補媽媽不在的空白，但人還是會害怕黑暗、害怕孤獨。這是本能。

與寂寞恐懼相對的是孤獨症。孤獨症患者的表現與寂寞恐懼者相反。這類人經常離群索居，不善於交際。孤獨症又稱自閉症。孤獨症患者存在感特別強，思想複雜。

然而，孤獨並不是人的本性。居住在擁擠且嘈雜環境中的人們，希望有一個不被打擾的獨立空間，這很正常，人也確實在孤獨時才能認清自己。但是，人的基本屬性是社會性。只有在社會中，人才能發現並證明自己存在的意義。人的社會性就是群集性。任何人類個體都渴望與其他個體交往，並結成團體。研究人類社會性的心理學家威廉・麥獨孤（William McDougall）認為，社會性是人的本性之一，在這個基礎上，亦形成了複雜的社會。可見，孤獨症患者正在背離本性。

社交恐懼症不同於孤獨症。社交恐懼症的表現是：過分和不合理地懼怕外人，並有意無意地回避；因為擔心自己出醜，不敢當眾講話，不與人交流；自己意識到不正常，但仍然反復出現，難以控制。恐懼社交的人，獨處時會安心許多。

社交恐懼不是與生俱來的，是後天形成的。社交恐懼是人格發展過程中，尤其是大學階段難以避免的。習慣性的社交恐懼是個人人格發展不健全所導致，與家庭環境有關。恐懼社交的人應注意，不必在社交場合過分在意自己留給別人的印象，可以時不時採用最壞反問法——再糟糕又能糟糕到哪裡去？

異性交往是社交的一環。在這方面也存在一些恐懼心理，那就是異性恐懼症。恐懼異性者不敢與異性目光接觸，不敢交談，一交談就面紅耳赤、言語不清，接近異性就全身緊張。青春期的男孩、女孩逐漸開始接近異性，但往往表現出對異性的害羞。他們常常被看作是害羞老實。但如果總是強迫自己不去看對方，就會越來越害羞、敏感、自卑，最後發展成異性恐懼症。

異性恐懼症患者所恐懼的並不是外界的異性對象，而是自己內心對異性的妄想。基於文化背景、家庭教育和個人經歷，他們強迫自己不去幻想，不去看異性，不從視線中表現出幻想。但這樣的強迫往往會失敗，因為對異性的渴望是人的本能。

不管是寂寞恐懼還是社交恐懼，都可以透過暴露療法來克服。暴露療法就是把自己暴露在讓自己不安的情境中。人既渴望孤獨，又希望合群，能在其中找到平衡的人內心才會安寧。

絕對安全時，也會怕高

說到怕高，肯定人人都不陌生。但是，如果說怕高是人類天生的心理特徵，是一種自我保護機制，可能就有點難以理解。

任何人都對高度有相當的恐懼。試想，如果所有人都對高度沒有恐懼，人類可能難以繁衍下去，因為高處比低處危險。更直接地說，從高處摔下來，更容易死人。除此之外，還有一點使人對高處避而遠之，那就是人類已經習慣用平行於地面的視角看事物，而在高處看時，視線與地面是垂直的。舉例來說，人在地面上看到汽車時會看到側面，從飛機往下看，則只能看到車頂。儘管都是立體的，但如果把水平視角下的身體平衡能力和方向辨別能力轉換到垂直視角，必然是不適用的，此時獲得的視覺資訊會減少很多（尤其是高度資訊），身體極容易失去平衡和方向感，這樣就沒有安全感，所以人需要儘快回到水平視角。以上兩點，讓我們時時刻刻對高處有一定恐懼。

怕高不一定是懼高症。懼高症指的是，在正常人可以接受的高度範圍內，有的人也焦慮不安，並表現出眩暈、噁心、食欲不振等症狀。會開始感到害怕的高度，無論是正常怕高，還是懼高症，都因人而異。有的人可能十公尺高就覺得不安全，但對於經常玩高空彈跳的人，可能一百公尺高也不足以令他發抖。然而，對懼高症患者來說，可能即使陽臺的高度，也令他們難以忍受，甚至會當場暈倒。正常人在高處時，只要確保絕對安全，或者不俯瞰地面，都不會擔驚受怕。懼高症患者則不然，只要知道自己處在一個相當的高度，就會恐懼不安。

英國一項調查顯示，現代都市人九成都怕高，而一成的人有懼高症。這應該歸因於都市中各種強烈視覺衝擊的高樓大廈。深究起來，這還是人口爆炸的結果。人們為了滿足方便快捷的需要，生活必定要高度集群化。從演化角度來說，現代人的怕高和懼高症，都是適應環境的結果，或許將來都市人民能輕鬆懸在一公里高樓俯瞰大地。

大部分懼高症不是高樓大廈的副作用，而是因為個人早期的經歷。中國動畫片《秦時明月之夜盡天明》中，少年項羽不敢通過墨家禁地裡的「猿飛」一關，就是因為兒時有從高崖墜落致傷的經歷。他深刻記住了那一偶然事件，並在潛意識中認定，只要是懸崖或深谷，都會掉下去致傷或致死。現代生活中，許多工作需要高空作業，可能有的人第一次登上塔式起重機不適應，就會得上懼高症。甚至有人的懼高症，只是因為經歷了一次危險事件，不一定是在高處發生。

六年前，馬先生陪孫子坐海盜船，在船上受到了驚嚇，當時他感覺胸悶氣短，出冷汗，四肢發軟。從那之後，馬先生連上樓也害怕了。兩年前，他的懼高症加重，只要超過二樓，他就會頭暈、心悸、嘔吐。

說到底，怕高是一種緊張心理。而心理會作用於生理，嚴重怕高會引起身體反應。人距離地面越高，越會擔心墜落、摔傷或死亡。往下看時，這種緊張心理會加劇，變成恐懼。在恐懼情緒下，高空作業人員可能會出現失誤；普通人則有心跳加速、血管收縮、暫時性血壓升高的表現，再嚴重會恐懼致死，這是腎上腺素分泌量過多引起的。

招募高空作業人員時，當然要選相對不怕高的人。然而，這工作需要長時間待在高空，為了靈活操作，就不能用太多保護工具，幾乎整個人都要懸空。只要保護工具安全性夠高，性命威脅倒是其次，重點是對工人心理的挑戰。時間久了，身體的平衡感、方向感可能會很好，但還是難以克服對高空的原始恐懼，更多的是忍受。長期的心理緊張會讓人消化不良，免疫力下降，患高血壓。這些是高空作業人員的職業病，對比實驗發現，他們比正常人患此類病的機率高出了三～五倍。

有懼高症的人可以透過對比高空作業人員的境遇，在心裡調整一下。若是早期恐懼經歷所導致的懼高症，可以用行為主義療法來治療。治療法有兩種形式，第一是暴露療法，即把他們忽然強行安置到高處，使其適應恐懼，最終放鬆下來。另一種是系統減敏法，其實就是分階段實行暴露療法，先把他們安置在怕高級別最低的環境中，然後逐漸升級，其目的也是放鬆緊張的情緒。

恐懼的東西都不在眼前

一個人對幾種事物有恐懼心理是正常的，例如懸崖、藏獒、匕首、迎面而來的汽車等。但是，有的人對沒有安全威脅的事物也會恐懼，例如香蕉皮、足球等。

為什麼會這樣呢？因為他可能因踩到香蕉皮而滑倒並嚴重骨折過、被足球擊中而鼻骨碎裂過。這樣的經歷會形成香蕉皮和足球會使人致殘致死的錯誤認識，這還容易理解，但有人的恐懼更為奇怪，看似無法理解。例如有人經歷了一次公車事故，垂死掙扎了兩個小時終於獲救，但是事後，只要一見到公車就避之唯恐不及，寧可走一個小時的路去上班。這就是乘車恐懼症。

王先生今年四十二歲，在某企業做設計主管。他自己有車，但是只給家人開，自己堅持步行上班。倒不是綠色出行，而是他不敢乘車。原來，他之前坐公車上下班時，曾遭遇過一次危險事件。有一次下班回家，在十字路口處，公車正要轉彎，一輛載著孩子的電動車猛然搶道迎面轉過來。公車司機緊急剎車避讓，才不至於釀成悲劇。但是，車上乘客沒有提前做好準備，一下子全被甩飛，有的還受傷了。王先生的腰部有輕度扭傷，這倒是小事，重要的是，他兩天都驚魂未定。而且他發現，只要一上車，就焦慮不安、噁心想吐，從此寧願步行一個多小時上下班，也不乘車。

大多數人都喜歡到廣場遊玩，但有一群人，他們不是不敢去，而是到那以後提心吊膽，這就是廣場恐懼症患者。此類患者往往擔心自己在廣場或其他人多的地方昏倒而無人相助。其實他對廣場環境的恐懼，來自對即將發生在自己或親人身上的危險情況產生錯誤預感，所以才刻意回避或逃離恐懼情境。這種預感都來自之前的恐懼經歷，至於應驗與否，結果都是偶然的。

張小姐一年前坐火車時，忽然感到一陣心慌、胸悶、呼吸困難。事後去醫院檢查，一切正常。剛剛放下心來，第二天又有同樣的感覺。從此以後，她再也不敢坐火車，怕再次發作。還有人曾經遇到火車故障而被困很長時間，覺得自己像從鬼門關走了一遭，因此害怕坐火車。

大多數人傾向認為，幽閉恐懼症是廣場恐懼症的反面，其實不然。即使在空曠的場所，二者也可能同時引發。雖然名稱上有明顯差別，但要嚴格界定二者卻有一定的困難。從當場表現來畫分可能更為理想。廣場恐懼症的表現是不敢到某種情境中去，或是去了以後心慌、耳鳴、顫慄，無法把注意力從危險事件上轉移。而幽閉恐懼症的症狀會更嚴重一點，例如噁心、眩暈等。嚴格區分二者的意義不是很大，關鍵是要弄清楚產生恐懼的主要原因。嬰幼時期就被父母要求單獨睡的小孩、經歷電梯故障的人、空難或地震的倖存者、火車司機、礦工、火葬場人員等，更容易罹患幽閉恐懼症。可以看出，一次恐怖經歷或長期接觸容易發生恐怖事件的環境，會使人患上幽閉恐懼症。像火車司機這樣的特殊工作人員，如果患上幽閉恐懼症，自己受折磨不說，還可能會引起操作失誤，危及多人的生命。

大多數恐怖事件發生在光線較差的環境中。如果當事者對昏暗光線的記憶更多一些，就可能導致黑暗恐懼症，顧名思義，就是害怕黑暗的環境。這種疾病可能形成於兒童時期。很多人小時候習慣開燈睡覺，但隨著年齡增長，會消除對燈光的依賴，若沒有消除，就代表有開燈睡眠癖。疾病也好，怪癖也罷，大多數青少年或成人怕黑，一種可能是因為幼年時期家人為了哄他入睡，經常講一些鬼怪故事。而鬼怪故事發生的背景，多是光線較差的夜晚。

以上列舉的幾種恐懼症都有共通之處：不是遭遇恐怖經歷，就是長期接觸危險環境。但是請注意，應該害怕的是事件本身，而不是事物或環境。以鬼屋見到「惡鬼」面具為例，面具上的圖形本身不可怕，鬼屋昏暗燈光也不可怕，可怕的是我們認為

「鬼」有可能會傷害我們。但是為什麼大部分人沒有相關恐懼症呢？因為人選擇記憶的東西不一樣。我們面對恐怖事件時，第一念頭是對事件本身感到恐懼，但是這一念頭的時間很短，還來不及形成意識，就隱藏到潛意識中去了。而第二念頭，是對恐怖事件發生時的事物和環境感到恐懼，因其一直存在於視線之中，所以很容易被記住。如果忽略了第一念頭中對事件本身的恐懼，只恐懼事物或環境，就可能會導致相關恐懼症。此外，促成恐懼症還有一個重要動作，那就是把下次遇到的相同或類似情境，置換成之前發生恐怖事件的情境。或者說，恐懼症患者認為，之前偶然發生的恐怖事件，這次必然會發生。

此類恐懼症有很多，例如蜘蛛恐懼症、蛇恐懼症、蟑螂恐懼症等。

治療恐懼症的方法是暴露療法。這種方法具有強制性，或者叫「置之死地而後生」，就是讓患者進入他害怕的情境，並逐漸適應。一個怕見光的人，肯定是很少見光的，把他暴露在陽光底下，讓他不見也得見，他自己就會找到適應方法。這樣做雖然對病人有點殘酷，但確實有效。最好的辦法是，找到第一恐懼所在，引導他消除恐懼。有的病人把第一恐懼隱藏得特別深，此時則可以用催眠療法。

消除恐懼的辦法，就是接近恐懼

看恐怖電影時，人會集中而強烈地體驗到恐懼。然而我們會發現，看同一部恐怖片的次數多了，就沒有開始那樣恐懼了。這個極端的例子給我們提供了治療恐懼症的最佳途徑。那就是，想要徹底消除恐懼，只有接近恐懼，熟悉恐懼事物。

三歲的彼得很怕白鼠、毛大衣、羽毛等白色毛絨狀東西，對青蛙、魚和機械玩具也望而生畏。心理專家對彼得的治療是這樣的：讓彼得置身於他害怕的這些東西面前，同時有其他孩子陪伴，這些孩子並不恐懼彼得恐懼的東西。結果彼得對這些東西的恐懼明顯減輕。

這個實驗證明：越是遠離恐懼的對象，越會恐懼它；相反，如果面對它、接近它，會發現它沒有想像中恐怖，對它的恐懼也會慢慢消失。

請注意此療法的環境：同時有其他的孩子陪伴、這些孩子並不恐懼彼得恐懼的東西。為什麼要有同伴陪著？原因有兩個，其中一個在第二種辦法裡得到了應用。原因是：彼得會慢慢喜歡他的夥伴，和他們一起玩耍，這種快樂會逐漸代替恐懼，使恐懼的事物變成喜歡的事物。另外，別的小孩都不怕那些東西，只有彼得自己怕，不難想像，彼得爭強好勝的心理（雖然才三歲，但自然也有）有可能迫使他去接觸它們。

如果同伴們也害怕彼得害怕的東西，這種療法還有效嗎？答案肯定是無效。一個人在家看恐怖電影會心驚肉跳，在電影院就會好些。兩者背後是一個道理，那就是「人多膽子大」。一個人承受不了的恐懼，當有多人面對，就可以承受。因為恐懼沒有增加，而是被平分到每個人身上。可以想像這樣一系列的畫面：彼得和夥伴在同一個房間裡，一開始對那些可怕的動物和物品退避三舍，但不至於害怕得發抖↓時間逐漸過去，孩子們與恐懼對象對峙著↓終於，在好奇心驅使下，有一個孩子大膽接近，其他人緊隨其後↓小白兔猛一動，眾人嚇得後撤，然後再上↓孩子們慢慢發現它們沒有想像中那麼可怕，反而很可愛、很好玩↓眾人和動物以及玩具愉快地玩在一起。

然而，彼得的恐懼症剛剛減輕沒多久，又遭到一隻巨型犬的攻擊。後來醫生對彼得作檢測時發現，他對之前恐懼的東西更為害怕了。

為了再度治好彼得的恐懼症，醫生想到另一個方法。他們把彼得帶到一個漂亮的大飯廳裡，並讓他高坐在椅子上，盡情享用任何食物。此時，心理醫生把一隻關在籠子裡的兔子放在離彼得較遠的地方，彼得沒有表現出任何恐懼。這樣的安排進行了幾次，每次都拉近彼得與兔子的距離。最後，就算把兔子放在彼得腿上，彼得也沒有一絲畏懼，並且會和牠快樂玩耍。

這個過程是這樣：讓恐懼症患者沉浸在他喜歡的事物中，他就會忽視同時存在的恐懼事物→天長日久，「看不到的恐懼」與喜悅並存，恐懼事物逐漸接近恐懼症患者，患者會逐漸適應恐懼事物的存在，最終消除恐懼。

可見，除了直接接近恐懼事物，使恐懼事物在喜愛事物之後接觸恐懼症患者，也能治療恐懼症。至於為什麼會在歡樂的同時忘記對原先恐懼事物的恐懼？我們可以用注意力的有限性來解釋。當一個人沉浸在他喜愛的事物中，其絕大部分注意力就被占去，不能分配到其他事物上。隨著距離越來越近，原先恐懼的事物就變成一個陌生的全新事物，進入患者的注意範圍，在愉快的心情下，患者愛屋及烏，最後甚至會喜歡原先恐懼的事物。

我們從前面幾節知道，恐懼症多是因為經歷過恐怖事件，認定當時在場的事物也恐怖。其實恐怖的不是事物，而是事件本身對自己的傷害。這就是暴露療法的原理。再往深處想，由於彼得才三歲，離恐懼的事還不太遠，恐懼症還不太嚴重，如果讓他一個人單獨與恐懼事物相處，只要不出現生理異常，時間一長，他自己也會適應恐懼，最終消除恐懼。這也指出，成年恐懼症患者的治療難度更大，需要多種方法結合治療，同時對症下藥。

第三章

感知覺（一）

眼睛是會騙人的

我們常說：「眼見為實，耳聽為虛。」但其正確性已經遭到了現代科學的質疑。同樣的車速，為什麼從眼前開過的車比在遠處開過的車看起來快很多？為什麼穿直條紋衣服的人看起來比穿橫條紋衣服的人瘦？這些都是視覺上的錯覺。生理和心理的原因都會形成錯覺，而錯覺的產生與心理的關係更為密切。

如果單從視覺角度來說，眼見的就是實在的。眼睛的功能是吸收光線，客觀反映刺激。視覺不是單純存在的，而是其他感覺綜合作用下的結果（其他感官感覺也是這樣）。光線刺激不會停留在感官，最終要傳給大腦，再由大腦形成感覺。在這個過程中，大腦會自動結合以前看到或聽到的東西（也就是經驗）形成感覺。換句話說，我們對事物的印象會受以往事物經驗的影響。所以眼見可以為實，也可以為虛，這要看當場所見事物與早先接觸的事物形成的綜合感覺是否真實。

除了會結合以往的經驗，大腦更會受到當前環境和其他事物的影響。相信各位肯定看過不少視覺怪圖，此類圖大多是心理學家所創作。

左圖是艾賓浩斯錯覺圖。請問：圖中兩個中間圓的大小是否相等？

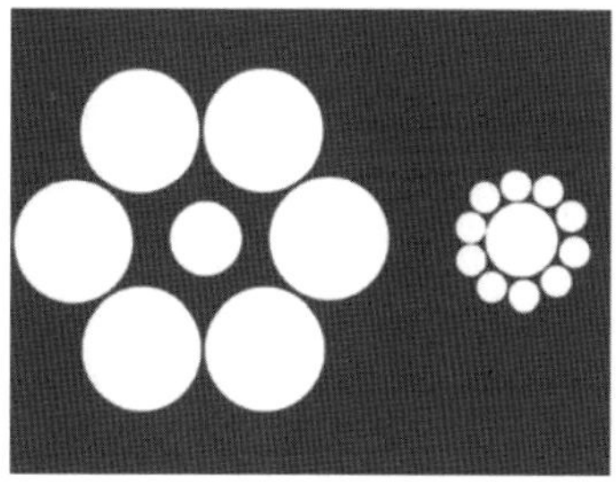

我們可以親手量一量，事實上，它們的大小相等，但是我們會覺得右邊那個比左邊大。之所以會有這樣的錯覺，是因為中間兩個圓的四周還有其他的圓。對比二者之前，我們會不由自主先拿它們和旁邊的圓做對比。正是它們的存在，把左邊中間的圓「稱」小了，把右邊中間的圓「顯」大了，而且這種對比先入為主，我們的注意力再也分不到後面的對比上了。這種「稱」或「顯」，其實就是環境給我們的心理暗示。它是擺脫不掉，而且是瞬間完成的。

如果沒有這種暗示，我們就會形成正確印象。請再看左圖。

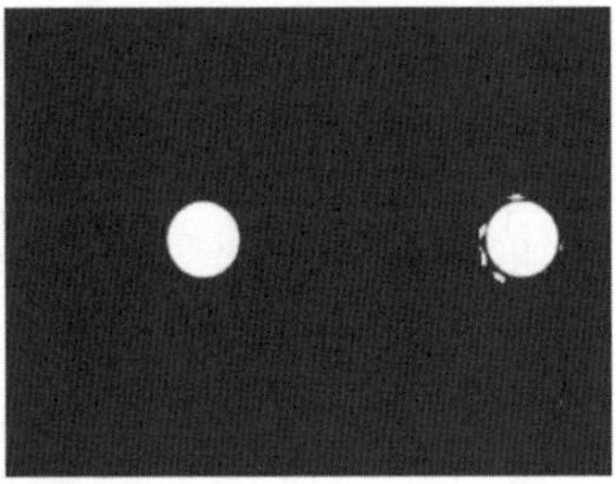

圖中雖然可以看到殘留的擦拭痕跡，但兩個圓是不是怎麼看都相等了？其實我們回到第一張圖，努力只盯著中間兩個圓，時間稍長，也會發現它們確實相等。之所以會如此，是因為我們第一眼看到的，只是對事物大概輪廓的辨認和處理，只有仔細長時間觀察後才會有更深的了解（而且有時候還要結合其他感官的感受）。如果各位是在電腦上查看第一張圖，試著儘量把圖放大，直到螢幕可以完整看到中間兩個圓，也會發現它們是相等的。我們的視覺注意力非常有限，先前，四周的圓轉移了我們的注意力，如果我們也理解並成功運用這種先入為主、暗示、有限性和模糊性，對很多說不清、道不明的事也就不會感到迷惑了。

為什麼字看久了會不認識？

有一個笑話：考場上，一位考生忽然不知道「優惠」的「惠」怎麼寫了。情急之下，他看到桌上的飲料，想起瓶蓋裡會有「謝謝惠顧」字樣，於是急忙打開，卻有點失望地發現竟是「再來一瓶」四個字。

我們主要透過視覺來記憶圖案或事情。其過程是這樣的：外界資訊刺激眼睛，眼睛把刺激傳遞給大腦神經細胞，神經細胞一一進行整理和記憶這些資訊。這種記憶只是神經細胞暫時性強化了刺激，一般只能持續幾秒到幾個小時。而我們傳統意義上的記憶是長期記憶，可以持續幾天到幾年。如果沒有重複刺激來強化對圖形或事情的短暫記憶，使大腦形成關於它的長期固定符號，過後還是會忘記（當然，在後來某種特定條件下也會想起來，就是似曾相識的錯覺）。如果長期且頻繁接觸同一圖形或事件，神經細胞會對它進行歸類收集與想像，最終形成一個特定符號，並長期記住。下次再見到同一圖形或事件時，會在腦海中調用對應的符號，也就是形成認識。

為什麼會出現熟悉的字不認識的情況？是因為再次的持續刺激使大腦神經細胞「罷工」了。試想，如果你認識一個字，再次遇到它時，不會是持續性地看著它。見到並認了出來，大腦就完成任務，可以進行下面的工作。由於工作要求，有人需要長期且頻繁面對自己已經熟識的事物，例如工作表、文字、一個人的臉等。這其實是在進行另一輪的記憶，會使大腦對該圖形或事件形成另一個全新的符號。但是，我們大腦已經有一個它的符號了，一山不容二虎，大腦神經細胞在此時的解決辦法就是拒絕，或者可以說是一種疲勞、一種懈怠、一種提醒。有這種經歷的人，如果能停下手裡的工作一段時間，在其他地方碰到這個字或這個人，就會恢複對它的認識。可見，長久的強烈刺激不一定是一件好事，除非是全新的事物。

以上所說的大腦神經細胞「罷工」，在心理學上稱為超限效應。這一效應也會體現在其他方面。例如家長過於苛責孩子，可能會滋生他們的叛逆心理，甚至是對父母的仇恨心理，或者性格扭曲。所以說，施加教育要特別注意不同年齡層的心理承受能力，不然會適得其反。

不是手機在振動，而是你覺得它在動

當手機成為必需品，現代人，尤其是年輕人，普遍存在「手機幻聽症」——手機明明沒有調成振動模式，但是彷彿聽到手機振動，拿出來一看，卻沒有任何訊息。另外，是否有時會覺得別人在喊自己的名字？如果你有這種錯覺，不用擔心，這是一種正常的心理性錯覺。

一部分人的現象更為嚴重，例如覺得遠處私語的兩個陌生人在說自己壞話。此時他的幻聽已經不屬於正常範疇，是病理性錯覺。更為嚴重的表現是，他可能還會覺得肚子裡有人在罵自己。

幻聽是一種聽覺障礙，是人「真實」聽到某種聲音，但是現實環境中根本沒有相應的聲源。臨床方面，幻聽的表現有兩種：一種是假性幻聽，例如聽到肚子裡有人在罵自己，聽到的聲音不是來自外界，而是自己身體內部；另一種是真性幻聽，例如聽到遠處私語的兩個陌生人在說自己壞話，其實他們是在說話，聲源確實存在，但是說的內容與自己無關，聽者卻偏偏認為是在針對自己。

耳鳴與幻聽有類似的症狀，但耳鳴聽到聲響的頻率和強度是穩定的，且難以自癒；而幻聽聽到的聲響沒有任何規律，且只要是非病態的，一般可以恢復正常。

思覺失調症患者多伴有幻聽，而且是真性幻聽。幻聽一旦和思覺失調結合起來，會相當危險。幻聽者自身可能會苦惱於這種感覺，逐漸出現妄想，最終憂鬱，走向自我毀滅；另一種情況是，他總是覺得外界在針對自己，甚至謀畫殺害自己，出於瘋狂狀態下的自我保護，他可能會殺害別人，從而危害社會。

從正常幻聽到思覺失調性幻聽有一個過程：早期，幻聽次數比較少，像「手機幻聽症」這樣，和現實世界也十分接近，不怎麼虛幻↓隨著病情惡化，次數增多，患者聽到的東西越來越離奇，逐漸混淆虛幻與真實的世界，最終幾乎完全處於夢幻世界裡，聽到的全是別人議論、批評或傷害自己的言論。在我們看來，思覺失調性幻聽者的表現是：自言自語、臉部肌肉痙攣、情緒波動極大。這種症狀已經特別嚴重了，應馬上治療。

引起幻聽的常見原因有：心理因素，如精神過度緊張、疲勞和惶恐；身體某部位疾病，如聽覺神經中樞障礙或精神病；吸食或注射過量幻覺劑，如吸食大麻。心理學家認為，幻聽是大腦聽覺神經中樞對信號的錯誤加工。我們生活在資訊爆炸的時代，大量聲音資訊刺激聽覺，一旦精神過度緊張、疲勞或恐懼，就可能使聽覺神經中樞對這些聲音進行錯誤的加工和解釋。例如聽到某種聲音時，主觀地與過去某種不和諧的記憶交叉起來，就會產生時間和空間上的混亂感，從而錯誤地判斷聲音來源，進而舉止異常。

在資訊化社會中，與幻聽相對的還有幻視。例如曾有一位女精神病患者把她丈夫的頭看成了西瓜。為防患於未然，最好在發現自己幾天之內有幻聽、幻視的情況時，就去尋求心理醫生或精神科醫生的幫助。

為什麼在鮑魚之肆中久了，就聞不到腥味？

有的人明明非常討厭某項工作，為什麼卻能一口氣完成？不管是香味還是臭味，時間久了，都會沒什麼感覺，難道是鼻子不靈了？藉由以下說明，各位會發現，這些事情有相同之處。

買過魚的人對魚腥味都深有體會。我們可以把鮑魚之肆看成一個實驗室。在電視劇《鐵齒銅牙紀曉嵐》裡，乾隆帝、和珅、紀曉嵐三人就進入這樣一個實驗室。儘管這個實驗室通風，剛剛進去的時候，皇帝還是連忙拿扇子扇來扇去，和珅連打好幾個噴嚏。時隔一個時辰，三人在魚肆裡對「魚」的詩句，簡直不亦樂乎。按理說，魚腥味對鼻子是一種惡性刺激，時間越長越難以忍受，就像舉重，舉得起來，但舉不了太久。可為什麼他們時間長了就聞不到魚腥味了？（他們可沒有摀住鼻子。）原來這其中有一種感官的自我適應機制：感官受到外界持續刺激時，其感覺會發生適應性變化。這種感覺上的自我適應，也可以稱為感覺疲勞。

這樣的例子很多，例如晚上醒來，猛一開燈，眼睛什麼也看不見，過幾秒就好了；腳剛剛進入冷水池，不自主又縮回來，嘗試幾次後撲通一下跳進水中，一點也不會覺得冷了；有的人可以在鬧市讀書，旁若無人。我們的五官都有這種適應機制，但適應時間有明顯差別。一般視覺適應比較快，慢一點的是聽覺、嗅覺、味覺、皮膚覺（觸覺、溫覺、冷覺、痛覺）。觸覺和痛覺恐怕是最慢的，甚至有時是極其困難。例如撓癢，怕癢的人可能一輩子都會怕癢；再例如流血，血一直流，人會一直感到痛。但是這種自我適應是有限度的。以流血為例，人會感覺到疼痛，也會自覺止血，如果沒有痛覺不去止血，人就會因血竭而亡。這就涉及了自我保護機制。試想，人體也不會適應有毒的化學氣體，嗅覺的自我保護機制就是打噴嚏。

有的人在面對一項棘手的任務時，一鼓作氣，中間絕不暫停，正是利用了這種適應機制。工作困難，為什麼中間不休息一下呢？我們可以回到鮑魚之肆實驗室上，如果讓一個人反復從外面進入裡面，但是只允許待幾秒，幾分鐘下來，他會發現，這才是真正難以忍受。因為時間太短，他還沒來得及適應。同理，對於討厭的工作，最好是鼓起勁兒埋頭去幹。好不容易適應了這種環境，如果中途暫停，那種感覺不就消失了嗎？還要從頭開始。儘管一口氣幹到底可能會有疲勞感，但是相比時不時休息，這樣做可以節省時間和精力，最終還會有很大的成就感。

每個人都有夢想，可是大多數人的夢想，因為其中的繁重感而耽擱了。也許我們從一開始就沒有進入狀態，自然也沒有適應其中。我們應該重新審視自己的夢想，如果值得，拾起來，繼續前進吧。

如果真正適應，內心的痛苦就不會存在。最初快樂，因為適應機制，後面會寡然無味；最初痛苦，因為適應機制，最後會發現快樂，回味無窮。

「視而不見」和「充耳不聞」

有沒有發現這樣的怪事：邊開車邊打電話，很容易發生交通事故，但是如果副駕駛座上有個人和你說話，發生交通事故的機率會低於前種情況。同樣是沒有全神貫注開車，為什麼兩者會有差別？或者說，為什麼有時候不能一心二用，有時候又可以一心二用？

「心」在這裡指的就是注意力。其實人有時候可以一心二用，只是有一定的限度。亦即，注意力是有限的。打電話時容易發生意外是因為我們把過多注意力分配在打電話上。應該說，打電話占據我們絕大部分的注意力。因為打電話這種資訊互換形式比較間接，它的「反射弧」比較長，我們除了短暫的等待，還需要短暫的反應，因此就沒有足夠的注意力來顧及四周路況和交通信號，對它們「視而不見」。再加上事故多是突發的、意外的，也需要反應時間。而與旁邊朋友說話的情況就有些不一樣，它較為直接，不管說什麼話，總是容易理解，就算有點困難，也可以立即發問。同時，朋友也會幫我們觀察路況。但從安全駕駛角度來說，也不宜與旁邊的朋友交談過甚。

從生理上來看，大腦皮層中占據主導地位的區域興奮時，其他某些區域只是受到局部抑制，此時，這些區域就能控制一些動作同時進行。如果該動作是習慣性的（例如吃飯時說話，說話是一種很普遍的習慣），與其對應的大腦皮層區域受到的抑制就會更小，同時進行的可能性會更大。事實上，這是某一動作能否與主導動作同時進行的重要條件。亦即，兩項動作中，若有一項是習慣性的，兩項動作很容易同時進行。因為熟練的動作不需要消耗人們太多注意力。再舉一個例子，學生上課邊聽邊記，因為對寫字再熟練不過了，所以可以同時聽和記。除了有一個是習慣性的，還要求兩者或多者之間有某種聯繫，根本不存在聯繫的事幾乎不能同時進行。當然，這種聯繫可以培養出來，例如一邊畫圓一邊畫方。透過訓練，畫圓的同時，畫方成為一種需要，兩者可以同時進行。著名效率管理學家史蒂芬・柯維說過：「一個人做事缺乏效率的根本原因，就在於沒有固定的目標，精力太過分散，以至於一無所成。」

魔術師的基本把戲就是轉移觀眾的注意力。他們從來不自己揭祕，但觀眾心裡知道魔術是假的。我們沒有看到真相時，只能不由自主相信已經看到的事實。事實上我們看到真相了，只是「視而不見」。肯定有人記得某年元宵晚會上郭德綱和于謙表演猜燈謎的那段相聲。郭德綱連續陳述每一站上下車的人數，問題卻是過了多少站，而于謙的注意力早已轉到數字計算上。這是「充耳不聞」，也有更直接的「視而不見」。例如某人專注思考某事時，另一個人用手在他眼前比劃一下，他沒有反應，或者過了一會兒才反應過來。

以上兩個現象都可以說是魔術。優秀的魔術師不一定要有多麼高超、迅疾的手法，但是一定會巧妙、自然地轉移觀察者的注意力。魔幻般的燈光、音樂場景往往要同時配合語言和動作。這些都是心理手段，是魔術師用來掩飾他移花接木之舉的。好奇心強的朋友一定會關注揭祕的影片。其實只要放慢影片播放速度到可以仔細觀察每一個動作，就會發現奧祕。但同時不能受到其他干擾。

你一定又產生了錯覺

錯覺是在特定條件下對客觀事物產生的歪曲知覺，是指不符合客觀實際的知覺，包括幾何圖形錯覺（高估錯覺、對比錯覺、線條干擾錯覺）、時間錯覺、運動錯覺、空間錯覺，以及形重錯覺、觸覺錯覺等。

掂量一公斤棉花和一公斤鐵塊時，你會感到鐵塊重，這是形重錯覺；落地玻璃窗的房間與小窗戶的房間比起來，前者的空間顯得更大，這是整體──部分錯覺；同一個人，穿橫條紋的衣服顯胖，穿豎條紋的衣服顯瘦，這是圖形錯覺；同樣重量的箱子，黑色的看起來比白色的重很多，這是顏色錯覺；火車發車前，感覺旁邊的火車在移動，這是運動錯覺；幾乎所有小孩都覺得自己的媽媽比別人的漂亮，以及情人眼裡出西施，皆是愛的錯覺。總之，錯覺無處不在，不勝枚舉。錯覺可以發生在視覺上，也可以發生在其他知覺方面，但以視覺錯覺居多。

錯覺是一種感覺誤差，即所看所感的事物與實際情況不同，但是這不等於我們對周圍世界形成了錯誤的認識。由於生理和心理的原因，我們在一定條件下，一定會形成相應的錯覺，沒有這種錯覺才是不正常的。

那麼，形成錯覺的條件有哪些呢？第一，物質生活水準。經常餓肚子的孩子，偶爾吃一頓肉，會覺得那是人間美味；而一日三餐都有肉吃的孩子，會覺得不怎麼好吃。第二，過去的經歷。人對事物的知覺有細微差別，都是在各自過去的經驗中形成的。如果同樣的事物出現在與過去很不一樣的情境中，就會造成錯覺。因為大腦已經對它形成固定的認識，會按照過去經驗來看它。例如小馬過河的故事。松鼠有過同伴被淹死的經歷，所以形成了小河很深的固定認知。而且對松鼠來說，這個認知是絕對正確的。就算讓牠搖身一變，變成小馬，牠腦中覺得河很深的想法仍然不會改變。

很多錯覺都是建立在生理基礎上的。我們僅以橫豎條紋為例，做一個簡單的說明。看橫或豎條紋時，我們的眼睛會不自覺跟著它的方向走，這樣才能形成完整視覺。而水平看到的距離比豎直看到的距離大。如果我們在某一距離剛好能看到一根水平放置木棍的兩端，距離不變，把木棍豎起來，就不能看到其中一頭，從而形成它變長了的錯覺。我們總是水平看東西的，久而久之，就會形成豎直的東西比較長的固定知覺。

有錯覺的感觀體驗才是完整、舒服的。我們不但要正確認識它，還應該利用它。如今，錯覺已經在影視、廣告、軍事等領域中被廣泛應用。

第四章

感知覺（二）

ＵＦＯ多是一種錯覺

ＵＦＯ，全稱Unidentified Flying Object，中文譯作「不明飛行物」。說到它，大部分人都不陌生，而且很多人堅信自己看過。其實，他們不是真正親眼看到。科學證明，這大多是一種錯覺，是我們對「不明飛行物」存在認識上的誤解。

一九四七年，美國愛達荷州企業家兼飛行員肯尼士・阿諾德聲稱，他駕駛私人飛機穿越華盛頓州喀斯喀特山脈時，突然發現機身左側有閃爍的飛行物。他以為碰上了一架飛機，但與此同時，右側又有九個圓形的奇特飛行物向雷尼爾峰急速飛去。幾天之後，美國新墨西哥州的羅斯威爾發現墜毀的外星飛船。從此，在全球掀起了一股關注ＵＦＯ的熱潮，而且屢有奇異發現，此類報導、圖片、影片不勝枚舉。這些ＵＦＯ都是地球人根本沒有見過的，不是形狀奇特，就是色彩詭譎。貌似可以得到肯定的答案：外星文明證據確鑿地存在著。

像球狀閃電、極光、海市蜃樓等天文現象和物理現象，也被當成不明飛行物。稱之為不明飛行物，是因為對它們的奇幻之處難以給出明確的解釋。不過，稱為「高空不明物」更合適。因為從近幾年的報導來看，幾乎所有聲稱見到不明飛行物的人，其實只是見到某一物體懸在高空。也許它們有一點晃動，但是絕對談不上「飛行」。回頭想想肯尼士・阿諾德所謂的奇特飛行物「急速飛去」，其實也是值得懷疑的。因為飛機的速度也可以很快。高空不明物不一定是外星來的，絕大多數屬於地球外太空。我們把高空不明物和外星飛來物混淆了，不能說在地球上空的東西都是外星物體。我們又把外星飛來物和太空船相混淆，外星飛來物可以是太空船（如果有），也可以是其他物體。但是，幾乎每個人一見到高空不明物，就會下意識地認定，那就是外星來的。三者所指範圍的大小順序是：高空不明物＞外星飛來物＞太空船。

那麼，為什麼有人聲稱自己見到外星物體？有人聲稱自己被外星人綁架過？外星文明存在與否，不是本書的考證範疇，我們只從心理角度來解答。在這一熱潮背後，起支配作用的心理也是多樣的。

首先，從當事者自身來看，他們可能根本沒有看到ＵＦＯ，只是當前的東西有些奇特，勾起了之前見到的某一事物，例如飛機倒影，或者其他事物的殘留影像。這時，人們就會不自覺拿它來覆蓋當前景物，並稱為ＵＦＯ。每個人看過的事物都會在大腦留下印象。如果讓我們主動回憶這些印象，可能無法辦到，但它確實留存在大腦裡，可以被勾起。至於有人說他被外星人綁架過，甚至被送到手術臺，情況也是如此，可能他當時進入幻覺，被童年時遭受虐待的景象籠罩了。

促成ＵＦＯ說的，是人類的兩個天性：一個是自我認可心理，一個是好奇心。我們從骨子裡相信，任何現象都有一個合理、科學的解釋。當以自己的知識和見識無法解釋看到的事物，我們更願意借用ＵＦＯ的說法，畢竟已經有了先例。殊不知，ＵＦＯ本義就是不明飛行物，他用一個自己認為清晰，但實際模糊的名詞來解釋自己模糊看到的東西。還有好奇心，對於人類，任何沒有見過或少見的事物都是奇特又神祕的。如果一個人有幸一睹外星物體，多少說明他的命運是非凡的。另外，還有很多堅信外星文明存在的人。就這樣，我們不自覺被引到ＵＦＯ上。這種相信是盲目的。除此之外，當然也有故意炒作者，想引起群眾關注。

再者，ＵＦＯ說一經傳出，必定迅速炸開，一時間盡人皆知。這又是為什麼？這是從眾心理在作怪。當事者轉述給第二個人時，一定是異常激動，描述得極其生動。接下來的人在轉述時，更是會添油加醋、繪聲繪影。本來還不十分確定是不是外星飛來物，到後面就是板上釘釘，沒有任何懷疑了。一個人聽了這麼多人肯定的描述，儘管他未曾親眼見到，也會深深相信，並繼續傳播。如果他又是外星文明崇拜者，說得就更逼真了。

可見UFO熱多是心理錯覺。不過，UFO存在與否，科學家也在研究。有還是沒有，可以當成談資，調劑生活，流傳開來也無可厚非，但是一定要正確對待。

為什麼人人都覺得自己獨一無二？

所謂算命大師的靈驗，只不過是我們對號入座。幾乎每個人都相信自己的能力超出常人，自己獨一無二。算命師利用這一點，無形中挖了幾個坑，然後我們找適合自己的，跳進去。

一項調查顯示，九十四％參與調查的人認為，他們的幽默感比一般人高；八〇％的司機說，他們比一般的司機駕駛技術更嫻熟（包括那些因交通事故躺在醫院的司機）。人有時會高估自己，並相信別人也會高看自己，這叫作**虛假同感偏差**。人們讀書時，時常有這樣的情況發生：花費很多精力和時間寫了一篇作文，自我感覺寫得非常好，拿去給老師評閱，心想肯定會得一個優，結果只是獲得一個甲。

別人不賞識我們的工作成果，不是因為別人不懂，而是我們為了保護自己，把它誇大了。然而，這種誇大也只是對別人而言，對自己就不是誇大。付出努力之前，要完成到怎樣的程度，自己心裡已經有了一個期待。工作結束時，自己如果滿意，其成果一定與心中的期待完美相符，無可挑剔。如果不滿意，自己會繼續努力，直到滿意。但是，這個期待不是別人的期待。我們的工作成果可能會高於或低於別人的期待。他們在評價時，不是以我們為中心，而是站在旁邊，所以更為冷靜客觀，好像是給我們「潑了一盆冷水」，其實更能反映我們的真實水準。

不僅工作成果，其他方面也有虛假同感偏差。當投票給自己喜歡的同學，就會覺得這位同學的票數肯定高，因為感覺別人也會投他一票。當讀到一本自認為很勵志的書，並推薦給朋友，他可能會說：「我看過這本了，裡面大部分見解是對的，但是不深刻。」

除了虛假同感偏差，人還有一種獨特性錯覺，稱作自我本位偏見，指的是每個人都相信自己的命運、性格、審美、經歷等與眾不同。現在有一些流行語叫「撞衫」「撞臉」「撞機」。當我們發現自己的衣服、臉型、手機和別人一模一樣，往往感到丟臉、尷尬。可見，我們心裡都渴望有天下無雙的特殊性。

所有聲稱自己可以透過手相、面相、生辰八字知曉人性格、命運、前生、來世的人，正是運用自我本位偏見和虛假同感效應，給人造成他擁有知曉人性和過去的超自然能力的假像。

大部分人請人算命，都是遇到不順心的事情，或者感覺自己運氣不好。所以算命的人會儘量說好話，我們想聽什麼，他們就說什麼。他們的大部分說辭也都是含糊不清，可以有多種解釋。例如責任感強、待人友好，這樣的性格幾乎人人都可以有。如果一個人沒有，受到這樣的鼓勵也會輕易相信自己有。同時，他們也會陳述缺點和不足，以顯得真實。「你待人友善也有自己的原則，在某些關鍵問題上，你絲毫不會妥協。」如果初步判斷一個人性格內向，他們會說：「你在外人面前表現很內向，但在熟悉之後就可以完全放開。」試問誰又不是這樣？他們從來不會把問題說得具體，這是在給自己留後路。

我們總是希望自己不同於常人、優於常人。事實是，我們是幾十億人中平凡的一員，並且驚人地相似。我們都是平凡人，有時會不由自主地由心來主宰思想，容易衝動而被假像迷惑。

嚴格來說，每個人都是獨特的，不過是在細節上的獨特。虛假同感偏差需要及早修正，否則長此以往容易導致自戀、憂鬱等心理問題。我們要注意其他影響虛假同感偏差的情況。第一，當外界歸因強於內部歸因。例如一個人經常受到表揚，就可能會對自己有過高的期待，並認為他人也會有如此評價，最後大失所望。第二，當行為或時間對於行為者特別重要。第三，當一個人堅信自己的觀點或非常確定某件事情的結果。這是一種自信的表現，但過於自信會增大偏差。第四，自己的地位或正常生活受到威脅時，虛假同感偏差會減弱。

我們要告誡自己，讓所有人都欣賞自己的工作成果是永遠不可能的。有時候，你做一件事，希望一萬個人懂，到最後只有一個人懂，那也就足夠了。而這個人，可能就是你自己。

心靈感應真的存在嗎？

生活中，你肯定遇過許多這樣匪夷所思的巧合：

- 和朋友一起散步，嘴裡正要哼唱一首歌，他竟然先唱了出來！

- 和同學剛談起某人一句，他就出現了。於是你會說：「說曹操，曹操到。」
- 情侶分別後，背向而走。你走了幾步，一回頭，發現對方也正回頭看自己。
- 正想喝優酪乳，男朋友就從身後「變」出來了。
- 受傷的手指經常會被碰到。
- 成龍在電影《雙龍會》裡，泰山打架撞到鐵門，他的雙胞胎兄弟馬勇在百里之外也會手痛。

以上種種現象確實很不可思議。這是怎麼回事呢？你肯定會說：心靈感應，思想同步，雙胞胎就有這種現象啊。那麼，人人具備這種能力嗎？可以用心靈感應對一個完全陌生的人下命令，使他和自己思想同步嗎？答案是否定的。心靈感應不是一種能力，對陌生人幾乎無效。如果有效，純屬巧合。

其實，心靈感應的說法不過是自我說服而已，是不存在的。然而，不管科學研究如何證明，這一說法仍然被廣泛認可，為何如此？這緣於人類內心深處的恐懼感。關於這點，心理學家已經有了很好的解釋：「人類在與大自然的長期鬥爭過程中，對未知的大自然和浩瀚的宇宙，產生了深深的恐懼。為了消除這種恐懼，人們企盼奇蹟出現以戰勝自然，並且希望擁有創造奇蹟的能力。」所以，我們更願意相信，超出因果關係以外的事物是確實存在的。心靈感應就是其中一種。而且，我們很自然地把它當作一種能力。

如果真是能力，為什麼它不可控？從這一點就可以看出，這些都是巧合。形成這些神奇巧合的原因，既有客觀的，也有主觀的。

從客觀方面說，頻繁出現偶然事件的唯一辦法，就是發生大量的隨機事件。這就像擲骰子，要想出現三個六，只能多投擲幾次。心靈感應是兩個人的事，這就要求他們的生活有大量交集。你會發現，心靈感應的奇妙現象在家人等關係親密的人中出現得更多，因為他們朝夕相處。他們吃在一起，睡在一處，玩在一塊，自然而然對彼此的想法和行為習慣越來越熟悉。科學證明，精神可以反過來影響身體。兩個人的想法越來越相似，共同點越來越多，大腦結構也會隨之有所相似。所以，在面對外界刺激時會有異常一致的反應，或者出現思想同步。而雙胞胎的大腦結構相似程度本來就比一般人高，加上他們有著共同的生長環境和教育環境，產生同步也就不稀奇了。

從主觀方面說，除了前文說的自我說服，還有我們對外界事物的選擇性感知。我們對眾多隨機事件都有各種各樣的感知，但是只選擇接受了特徵鮮明的偶然事件。以「受傷的手指常被碰到」為例，因為它受傷了，本身就痛，我們對它的注意會比其他手指多，稍一碰到，感覺會更鮮明。其實碰到其他手指的總的機會，遠比受傷的手指多，但是，即使碰到也無關痛癢，所以這些沒有什麼鮮明感受的偶然事件就被我們忽略或忘記。當我們總是只留意受傷的手指，自然就會有「受傷的手指常被碰到」的感覺。

所謂第六感也是同樣的道理。可能有人會問，同步是兩個人的事，而第六感是自己對未來事情的預知，怎麼會一樣？事實上，第六感不一定都是對未來事情的預知，但一定是對遠處某事的感應。它可以在事情發生之前、同時、之後產生，同時或事前產生的才是預感。最常見的第六感就是對壞事的神祕感應。然而，我們無法感應到發生在一個陌生人身上的事。因為第六感還是要基於對一個人思維和習慣的了解。通常情況下，他就應該在某時某地做某事，如果沒有，肯定有什麼事耽誤了，而這種耽誤多是意外，甚至是事故。那麼，怎麼解釋事前預感到的情況呢？原因是，我們也相當熟悉事情發生的環境，如果有一點改變，或完全是陌生的環境，我們內心自然會產生焦慮和恐懼。非常態的環境，也很容易使原先的事出現變化。這種變化可能是好的，也可能是壞的，但是，我們總是選擇記住壞的。

一些預示性的夢也屬於心靈感應。這種夢常分為兩類：一類是完完全全夢到將來會發生的事，而且這件事也確實一模一樣地發生了；另一類是夢中場景和未來事情發生的場景十分吻合。日常生活資訊在我們腦海中大量累積，就會形成潛意識。潛意識是一種大腦察覺不到的思維活動，或者說還沒有達到意識狀態。大腦對某一事件的潛意識，卻可以通過夢的形式察覺到，並做出反應。也就是說，做夢可以使大腦感應到以前感應不到的事。當然，夢是複雜的，本節所敘，只是其中一種。

這個妹妹我曾見過的

在《紅樓夢》裡，林黛玉進賈府時，見到賈寶玉的第一反應是：「好生奇怪，倒像在哪裡見過一般，何等眼熟到如此！」賈寶玉見到她時也說：「這個妹妹我曾見過的。」

這個故事是證明人與人之間似曾相識現象的典型。不過，它也提示著，所有的似曾相識，都來自於真實的記憶。在《紅樓夢》第一回裡，神瑛侍者（賈寶玉前生）和絳珠草（林黛玉前生）二者早已彼此相識了。現實生活中，我們也會在公共場合和單獨場合，驚異地感覺某個人好像在哪裡見過。不是好像見過，是確實見過相似的人。當然沒有小說裡那麼傳奇，是在前世謀面，而是在很久前偶然記住，或是在夢中記住。說記住也不正確，因為當我們嘗試回憶與似曾相識的人的共同經歷，卻什麼也回憶不起來。應該說是印象殘留在腦海中，然後被喚起。

要充分了解其原理，就要先知道記憶是怎麼回事。人的所有活動都是由大腦控制的，記憶是大腦的高級活動。記憶承載於細胞群，細胞群被強大的化學作用聯繫在一起。記憶本身就是神經細胞之間的聯結形態。我們腦中調動某個記憶時，就是在啟動特定的神經細胞。

如此多的神經細胞，就由大腦邊緣系統的海馬體來承擔索引的任務。除了索引，海馬體更重要的作用是形成永久或短期的記憶。

海馬體又名海馬迴、海馬區、大腦海馬，由於形狀和海馬相似，故稱之。人有兩個海馬體，一個在左腦半球，一個在右腦半球。海馬體主要負責記憶和學習，功能相當於電腦的記憶體，既執行命令，又可以短期儲存。日常生活中，各種資訊刺激感覺器官，都形成短暫的記憶片段，儲存在海馬體中。如果一個記憶片段，例如一個電話號碼或一個人，在短時間內被重複提及，海馬體就會將其轉存入大腦皮層，成為永久記憶。海馬體比較發達的人，記憶力相對會比較強一些。如果海馬體受傷，部分失去作用或澈底失去作用，會導致人失去部分或全部記憶。

存入海馬體的資訊如果一段時間不被使用，就會被自行「刪除」，也就是被忘掉。而存入大腦皮層的資訊也不是永久存在，如果長時間不調用，大腦皮層也有可能刪除它。儲存或刪除某些資訊，不是大腦皮層有意識的判斷，而是由海馬體來自行處理。在這一點上，特別像電腦記憶體。記憶體本身具有短暫記憶性。就算可以長期記憶，但由於容量有限，為了保證電腦正常工作，記憶體不得不自動清理一些長期不用的後臺記憶。

清除這些記憶之前，如果在某一天被一個與它相似的人或事物勾起，大腦就會形成鮮明的記憶。即使這些記憶真的被清除，也有可能再次被喚起。因為凡走過必留下痕跡，痕跡是無法清除的。承擔記憶功能的是細胞，形成記憶靠的是海馬體。資訊在兩者身上都會留下不可擦除的痕跡。因為有痕跡，我們可以恢復幾乎任何資訊。因此，我們看到電影或小說裡的某些情節、以前在地鐵或公車站見到的面孔，甚至在夢裡見到的景象，都會在大腦中留下有意識或潛意識的記憶。隨著時間推移，有意識的記憶會變成潛意識的記憶。然後忽然有一天，我們處於類似的場景中，或見到相似的面孔，會喚起之前的親身經歷。只不過我們意識不到，就產生了前世的猜測。

似曾相識的現象在青年人和更年期的人身上更容易出現。因為他們或者記憶活躍，或者情緒不穩定。而與情緒有關的記憶更容易被記住，有的戀人在多年後，還記得分手前說過的話。

「一目十行」是什麼道理？

有的人可以一目十行，別人一個月才能看完的書，他幾個小時就看完了。這對於注重細節的人，恐怕永遠也無法實現。不過，看完這一節，你會發現，這種能力未必是好事，如果你想，也可以輕易具備它。

所謂一目十行，重在一個「快」字。請快速流覽下文：

今天我們出門遊玩，從永樂國小到霞海城隍廟。我們在大埕稻逛遍各種店鋪，吃了許多小吃。雖然人很多，但我仍在大埕稻收穫了一種悠然自得的心情。

如果你真是在流覽這短短幾十個字，恐怕只用三秒就可以完成；如果你沒有速讀的習慣，逐字逐句地讀，一定會發現其中的錯誤。沒錯，就是「大埕稻」這三個字。正確的順序自然是「大稻埕」。為什麼快速流覽會忽視這一錯誤？其實是「脈絡效應」在作怪。脈絡效應指某個事物所處的情境會影響我們對這個事物的認知。我們讀文章時，特別是只求大意、快速閱讀時，不會把注意力放在文字上，而是放在文意上，最重要的是會根據文章脈絡自行推測下面的內容，這就是脈絡效應。以前文為例，正是「從永樂國小到霞海城隍廟」使你形成了脈絡，因為從永樂國小到霞海城隍廟就是大稻埕一帶。此時，「大稻埕」已經浮現在腦中，就算下文中這三個字出現順序顛倒，你也不會注意。也正是脈絡效應作怪，我們檢查文章中的錯別字時，如果一目十行，速度很快，就很可能會有遺漏。

生活中，圖形脈絡效應的應用就是簡筆漫畫。只要給出一張臉部輪廓，眼睛、鼻子等可以畫得非常簡單，但是觀眾一眼就能看出畫的是什麼表情，而且往往比精細的描繪更為傳神。現代年輕人聊天用的符號表情，甚至把輪廓也省略掉，僅用極其簡單的數學或標點符號，便能組合出各種表情。

脈絡即條理和頭緒，是人們基於個人生活經驗，對處於某一情境下的圖形或其他資訊，推出其相應環境和發展順序的邏輯思維。但這一思維過程特別短，接近於潛意識。因為是基於個人經驗，並不是所有人都會有脈絡效應。在一個全新的事物面前，沒有人會有脈絡效應。人之所以能一目十行，是因為讀的某一類書多，或熟知書中的事物。

工作中，我們常常認為某人是個粗心鬼，總是犯一些低級錯誤。其實，這種錯誤大多是脈絡效應的結果。你沒有犯錯，只能說明你能集中注意力，但是，一旦工作量加大，需要加快速度時，誰也難保不犯類似錯誤。

可以不用度日如年

我們感慨時間流逝的同時，會有「度日如年」或「度年如日」的感覺。愛因斯坦有一個精妙的比喻：「當你和一個美麗的女性坐一起聊兩個小時，你會覺得只坐了一分鐘；但是炎炎夏日，如果讓你坐在熾熱的火爐旁，哪怕只坐一分鐘，你都會感覺像是坐了兩個小時。這就是相對論。」

熱戀中的男女總覺得時間過得飛快。做一件困難的事時，越到後面，越是煎熬。我們對某段時間的感覺會因為在這段時間裡活動內容的趣味性使自己的心情有變化。如果感覺時間過得很快，不是因為內容本身趣味性很強，就是因為我們的心情愉快；如果感覺時間過得慢，是因為所做的事本身沒什麼意思，或心情鬱悶。當事後回憶起來，我們沒有了當時的痛苦和喜悅，就會發現，時間並沒有那麼快或慢。在事情進行過程中，如果摻入個人情緒，我們的大腦就會產生時間飛快和難熬的錯覺。

時間總是以固定的速度流失，可為什麼我們在不同情境下會有不同的時間錯覺？托馬斯・布朗（Thomas Browne）*說：「人是為了內心所形成的各種感受而生活。」感受不外乎苦和樂，趨樂避苦是人的本性。我們在心底希望痛苦快點過去，總是覺得痛苦時間太長。相反，我們希望快樂的時間越長越好，而且當我們享受其中，就會忘記時間流逝。所以我們才會時常「歡樂嫌時短，寂寞恨更長」。

在一個時間週期內，人們還會感覺前面的時間比後面的慢。俗話說：「年怕中秋日怕午，一週就怕星期三。」因為在前一段時間裡，我們感覺後面還有很長時間，不著急；一旦過半，我們開始感到時間所剩不多了，越到後面，越會著急，覺得時間過得飛快。人的一輩子也是這樣。以三十歲為界，三十歲以後，我們會時常感嘆時間過得真快，同時懷念童年的「天總是很藍，日子總是過得太慢」。

不論是一段時間裡的一種錯覺，還是一個週期裡的不同錯覺，其形成原因都是這樣：因為事情本身價值低，我們不能全身心投入，就去關注時間本身，從而產生快或慢的感受。如果能在每一分鐘裡都做高價值的事情，我們會投入全部的注意力，無暇反觀時間，就不會有太多喜悅或痛苦的感受。這其實也在啟發我們，只要利用好每一分鐘，我們的一生都是非常有意義、精彩紛呈的。

利用好每一分鐘，並不是時時刻刻都緊張工作，而是儘量從每一分鐘裡獲得滿足。這種滿足既包括取得一定的成就，又包括隨之帶來的愉悅感受。無論怎樣，所做的事情都必須是高價值的，足夠吸引我們的。對於不同的人，高價值的事情難以統一。但一般來說，下列事情的價值比較低：

---

*註：托馬斯·布朗（一六〇五～一六八二年），英格蘭王國的博學家及作家。

無趣無聊的事
別人希望我們做的事
機械重複的事
自己不擅長的事
總是被打斷的事
沒有保障的事
合作夥伴不值得依賴但仍要進行的事
完全知道進行過程的事

高價值的事情也有輕重難易之分。只有給不同等級的事安排充分的時間，才是合理有效地利用時間。

我們可以為自己計畫一個週期內應完成的事情，以培養合理利用時間的能力。這個週期越短越好。心理學家發現，遙遠的距離會產生不真實的感覺。當你把一件事的完成期限定在很遠的將來，因為它顯得不真實，你會覺得它不重要，同時會認為，還有足夠的時間來做，所以一直拖延著不做。有的人把自己的人生理想定得很遠很高，往往不能實現。因為他已經覺得那個理想不再像開始那麼重要了。相反，很近的目標使人覺得它很清晰和重要。

除了上述辦法，還可以不懊悔任何事、學會分主次詳略地做事、不再執著自己難以完成的事，去尋求更專業的幫助、每天早起，創造更多可利用時間。

第五章

夢境和潛意識

為什麼人人都做夢？

人們總是把不能用理性認識的事物當作一種超現實的存在。對複雜多變、絢爛多姿的夢境就是這樣。有人夢見過傷心的過去或現在，有人夢見過美麗或危險的未來。其實，夢境就是現實，它反映了一個人心中所想。

- 一位六十歲老人經常夢見自己從懸崖墜落，從夢中驚醒。
- 喬里・奧昆納夢見鐵達尼號會沉沒，於是放棄首航船票，最後倖免於難。
- 林肯遇刺前，夢到自己死後的情形。一夢成讖。

二十世紀六〇年代末，夢境研究人員做了一個實驗。他們檢測了一些做過重大外科手術、同時需要心理治療的病人的夢境。結果發現這些病人夜晚的夢境和他們白天接受治療的情景十分相似。

「日有所思，夜有所夢」的規律已經初見端倪。

精神分析學派創始人佛洛伊德曾說：「夢是願望的滿足。」每個人每天都有無法滿足的願望。夢中場景就是白天願望的再現。這一願望甚至可能日後多次被夢見，雖然不是完全複製，但圍繞的主題是一樣的。佛洛伊德曾在睡前控制飲水，在口渴狀態下入睡，結果夢到自己在尋找水源，最終在泉邊暢飲。後來有心理學家又讓三十二名大學生在空腹幾天的狀態下入睡，結果幾乎每人都夢到美味的食物，並狼吞虎嚥。

我們帶著問題入睡，並在睡夢中處理這些問題。心中未完成的情結，可能會在夢中尋找真諦。這聽起來確實非常奇幻。然而，「願望滿足說」不適用於所有夢境。右頁列舉的三個例子都是惡夢，難道會有人白天希望自己遇到壞事嗎？當然不是。夢境反映的是給人們造成一定程度困擾的事情，更是心裡焦慮的體現。「日有所思，夜有所夢」，而個人願望只是「思」的一種。願望得不到滿足，或者意識到某種威脅時，就會有焦慮；工作未完成，會有壓力；電視裡看到恐怖畫面，內心會極度恐懼。焦慮、壓力和恐懼，都是「思」，都可以在夢裡得到反映。林肯被刺殺前，已經覺察到被刺殺的明顯跡象，並為之內心焦慮。他夢到自己死亡，就是焦慮的反映，也是有理有據的思考。

或者說「日有所見，夜有所夢」更為合適。但如果白天所見大多是負面刺激，儘管大腦會避開負面思想，但是刺激已經進入潛意識。有的人連續幾天做同樣的夢，一個可能的原因是願望太過強烈；另一種情況是經歷的刺激過於強烈，化成潛意識，在夢裡重播。睡眠科學家研究發現，超過八〇%的夢境都與甜蜜無關，都是負面事件。負面資訊要比正面資訊具有更強的刺激效果。

夢還有其他成因：一個夢做過幾次之後，大腦會有一定的認識，也會自主地不斷呈現。夢境也可能是人類遠古的回憶，相傳人類早期是在樹上睡覺，經常從樹上掉下來，所以有的人經常會夢見墜落。如果在鬆軟的沙發上睡覺，也可能會夢到陷入泥潭或墜落的場景，這說明夢境也與睡眠環境有關。但無論是哪種原因，夢都是現實的反映，不是超現實的存在。

以上可以回答人為什麼會夢到過去或最近經歷的事情。但有的人夢到了未來，這又如何解釋？仍以林肯為例，他夢到的是未來，但也是過去和現在。過去、現在、未來，三者之間沒有中斷點。我們帶著問題入睡，並在睡夢中處理這些問題。如果睡夢中沒有處理完，未來還會在白天或夜晚處理。調查顯示，世界上大約三分之一的人會在生活中遇見夢中的場景。黑夜是白天的另一面，夢境是現實的另一面。夢裡的資訊會存在於潛意識中，一旦有相關線索出現，就會被牽引出來。那時我們會驚訝地告訴自己：原來這件事我夢到過。這只是機率問題。

人們堅信夢可以預見未來，是因為選擇性地記住了做過的夢。假如我們做了一個夢，第二天發生的事情正好和夢境相符，我們很快就會想到自己做了一個有預示意義的夢。可這樣想的時候就忽視了我們經常做夢，卻沒有都成為現實的情況。

人的意識在晚上是要休息的，做夢更多的是大腦潛意識的任務。人們每晚平均要做四次夢，每次持續的時間大約是二十分鐘。夢中的內容一般是模糊的，等意識醒來，也就是人清醒後，就會忘記做過什麼夢。而一些惡夢，或者夢中忽然醒來，人會有比較深刻的印象。事實上，人記住的夢也是模糊的。這種模糊性也增加了夢境預測未來的神祕性，因為即使未來的現實與夢境存在一些細節上的不符，我們也會忽略。

夢是現實的反映，不難想到，如果白天我們對現實有足夠的反思和控制，就可以控制自己的夢。

夢遊是怎麼回事？

人夢遊時，雖然半睜或完全睜開眼睛，但是基本上什麼也不看。因為十分熟悉周邊環境，很少碰到東西。夢遊者表情呆滯，正常行走，說些奇怪的話，做奇怪的事，對刺激反應不靈敏，難以被喚醒。醒來後，他們竟對「夢中」的行為一無所知。

基於這些奇異之處，人們把夢遊視為靈異，而且還形成了幾種認識：見到某人一次夢遊就說他有夢遊症；夢遊與夢魘有關；夢遊中的人會做出危險的事；叫醒夢遊者是極其危險的。但是，這些都是偏見。

夢遊十分常見，多發生在男性或兒童身上，尤其是活潑好動、想象力豐富的兒童。成年人患上夢遊症，多是小時候的後遺症。夢遊不等同於夢遊症，只有長期或持續有夢遊現象才能稱為夢遊症。

夢遊的生理機制是：大腦皮層細胞有「興奮」和「抑制」兩種狀態。「興奮」使人正常活動思考，「抑制」使人休息入睡。當某些支配運動的大腦皮層細胞在晚上仍處於「興奮」狀態，人就會夢遊。由於不是身體細胞全面工作，這種單純的運動缺少其他活動細胞的支持，因此顯得呆板。值得一提的是，所謂催眠，就是人為製造了這樣一個興奮中心而控制其他部位。或者說，夢遊就是一種催眠狀態。

目前還沒有一個公認的夢遊成因。心理學家研究結果顯示，夢遊會遺傳。也有專家認為，夢遊是一個人對某種鬱結情緒的發洩——夢遊症患者早期多半有痛苦經歷，而焦慮症和恐懼症也會加劇夢遊症。兒童的生理特點本來就容易患上夢遊，也有少數是其他疾病引起的，不過一般沒有大礙。如果成人長期夢遊，就要開始正視。因為極有可能患有人格分裂或其他精神官能症。

夢遊者並不是在做夢，自然與夢魘無關。科學家根據腦波圖，把睡眠週期分為五個階段，即入睡期、淺睡期、熟睡期、深睡期和快速動眼期（做夢期）。前四個階段又稱作非快速動眼期。做夢大多發生在快速動眼期，而夢遊發生在熟睡期和深睡期。

人們傾向於認為，夢遊者意識不清醒，容易有危險舉動，例如跳樓、撞車甚至殺人。但是，夢遊中的人只是做出一些生活中常見的動作，鮮有攻擊他人或自我傷害的行為。如果有，可能與他的個人經歷有關，亦即，他是在發洩某種情緒。這個時候就應該喚醒夢遊者。但是，很多人聽過這樣的勸告：千萬不能叫醒夢遊中的人，不然會把他嚇死。其實這是故作驚人之說。夢遊者跳樓的事情，往往是他們自己造成的。所以旁人更有責任叫醒他們，這對治療夢遊症也有一定的幫助。

不是鬼壓床，是「心壓床」

清晨，意識先清醒了，心裡鼓勵自己：「為了更好的明天，我要努力工作，快點起來！」想抬動手臂的時候，卻抬不起來；想轉身，怎麼也不能動彈。好緊張，好害怕，胸悶、驚恐、心跳加快，大喊救命，卻聽不到自己的聲音。有什麼東西壓在我身上，真重！開始產生幻覺，呼吸越來越沉重，直到完全動不了，絕望地再次睡去。過一會兒又睜開眼，這次可以動彈了。

很多人對這一番描述都不陌生。這就是所謂的鬼壓床，在醫學上稱為夢魘或睡眠癱瘓症，簡稱睡癱。我們想不通，好好的身體，為什麼不聽自己使喚了。正當百思無解，身邊有同樣經歷的人說那是鬼壓床，我們一下就明白了——對，就是那麼回事！從此對鬼壓床的說法深信不疑，並把這個「絕對真理」告訴有同樣恐怖經歷的人。這種解釋是反科學的，必須正確認識它，才能免受其害，遠離壓床的「鬼魅」。

這個「鬼魅」其實是我們的心。興奮過度或精神過分緊張，都會引起睡癱。它們會使大腦系統得不到充分休息，進而身體得不到充分休息。我們白天在重壓之下工作一天，到晚上就會身心俱疲，此時要儘快入睡，以得到良好的調整和能量補充。如果經常缺乏睡眠，作息不規律，就可能會出現睡癱。

焦慮、恐懼、興奮等心理原因，最終會作用在生理方面。而生理方面直接出現問題，也會導致睡癱。老人出現睡癱的可能性大一些，這和他們的失眠症有關，也可能是鼾症。此外身體虛弱也是一個病因。睡眠環境差，例如枕頭過高、被子太厚、睡姿不良、手壓胸口，比較容易導致血流不暢，心臟和頭部缺血，睡眠時就容易出現暈眩、心慌、胸部有壓迫感、眼發黑、耳鳴和各種神經功能障礙。晚飯過飽、服用會引起低血壓的奎尼丁、時差調整不過來等也是睡癱的隱患。

睡癱是大腦神經中樞與運動神經中樞不同步蘇醒造成的。在人類睡眠的五個階段中，睡癱一般出現在入睡期或做夢期，也是半清醒或準備蘇醒的時候。因在做夢期出現的次數更多，所以也稱為夢魘。我們都知道，人的身體活動受大腦支配，大腦透過神經信號與肢體連接。在做夢期，這一連接是暫時中斷的，這是為了防止睡眠中的肢體把夢境反映到現實中，例如睡覺時蹬床、打人。當大腦已經從睡眠中蘇醒過來，來不及與身體重新取得連接，身體就會比大腦醒得晚，此時人的意識清醒，身體卻僵硬，半睡半醒，這就是睡癱。身體醒不過來，就不能與大腦協調。此時肌肉張力最弱，不足以支持四肢動彈，所以想用力也無法用力。

心理學家認為，壓力過大很容易引起神經緊張，焦慮和恐慌會使快速動眼期提前，因而出現睡癱。所以，適時放鬆是避免睡癱的有效辦法。此外，要注意按時作息、適量飲食，枕頭高度在八～十二公分最為合適。趴著睡或蒙頭睡也容易遭遇睡癱。原因在於，趴著睡血液流通不暢，身體陷入無知覺的狀態；而蒙頭睡則會使腦部缺氧。

不是每個人都會遇到睡癱。美國有調查顯示，有四〇％～五〇％的人一生至少遭遇過一次睡癱。一般在青少年中較為頻繁，而生理原因、睡眠習慣等因素導致睡癱的情況較多，普通成年人多是因為長期心理壓力過大。

睡癱很少會連續出現，也沒有併發症。

小心！你可能正在被催眠

催眠一直被當成一種非常奇特、高深的本領，其實它遠沒有電視上顯得那麼神祕。若是訓練有術，你也可以學會催眠。而且在生活中，我們時常處在自我催眠的狀態中，只是自己沒有意識到罷了。

催眠狀態是指被催眠對象受到視覺、聽覺或觸覺方面的刺激後，進入一種高度可暗示性的、半睡半醒的狀態。而導致這種狀態的技術，便稱為催眠術。有趣的是，動物也可以被催眠。對於人而言，還可以透過言語暗示進入催眠狀態。所謂「高度可暗示性」可以這樣理解：催眠狀態中的人或動物，極易接受催眠師在知覺、記憶和控制方面的指令，做出相應的反應。在此狀態下，人的自我主觀意識極其微弱，潛意識特別活躍。因此其知覺、情感、思想、意志和行為等，都與催眠師的言行建立獨特的單線聯繫，當然也就會對催眠師的指令「言聽計從」。必須指出，催眠是一種近似睡眠而不同於睡眠的狀態。事實上，催眠不能使人真正進入睡眠，否則被催眠者無法對任何暗示做出反應。

以上只是狹義上的催眠。說我們常常在自我催眠中，就是從廣義的角度出發。只要是由特殊刺激引起心理狀態的改變，都可以稱為催眠。或者說，我們的心理一旦適應了某種刺激，就進入了催眠狀態。經常駕車的司機肯定有這樣的體會，駕駛時間一長，就會沉浸在單調的馬達聲中，如果不是看到路旁醒目的標誌或駛入彎道，就很容易發生車禍。其實這就是一種催眠。我們也可以這樣理解，注意力高度集中時，就會進入一定程度的催眠。

有人說：「我這麼聰明，怎麼可能被催眠，只有那些智商低的人才會被催眠。」恰恰相反，越是高智商的人，越容易被催眠。能否被催眠，要看下列條件滿不滿足：

- 年輕，智商高，想像力豐富，好奇心強，容易集中注意力。
- 心情放鬆，依賴催眠師。
- 環境安靜、舒適、溫馨。

這只是被催眠的適宜條件。事實上，就算一個人並不十分具備被催眠的條件，只要催眠師付出足夠努力，也可以將其催眠。米爾頓·艾瑞克森（Milton H. Erickson）是一位催眠大師，他可以成功催眠其他催眠師無法催眠的人。使用的方法是長時間無聊、重複的對話。這對催眠師來說，是很耗費精力的。

仍舊從廣義上來講，看看我們是怎樣被鋪天蓋地的廣告催眠的吧。廣告的特點是強烈的視覺、聽覺或記憶刺激。我們在捷運站等車，必然會看到醒目的牆面廣告。廣告設計一定是給產品一個鮮明的特寫，而且文字說明也會在顏色、大小、樣式上差異化，最重要的，會有一個明星或權威人士在「體驗或推薦」這一產品。也許你第一次看到時會說，這東西我根本不需要，這東西沒有說的那麼好。但是，長時間的刺激必然會改變你的評判。而你的評判一旦改變，就可能會誘發原本沒有的需要。

如果有興趣學習催眠術，可以先大致了解催眠的程序：

- 詢問解疑。這一階段是為了使求助者進入安全放鬆的狀態。可以問他想透過催眠解決什麼難題，也可以對催眠做個大致介紹。
- 誘導。催眠師大多只用語言引導，並不都像電視上拿塊懷錶在患者眼前晃動。可以採用漸進放鬆法、眼睛凝視法、深呼吸法等。
- 深化催眠。

・治療。這是最精彩、最關鍵的一個階段。催眠師不光要有扎實的心理治療與精神病理學知識，還需要涉獵宗教、哲學等方面。

・解除催眠。

目前，催眠療法仍飽受爭議，但它也有一定的功用。利用催眠，可以輔助治療一些疾病，包括神經障礙，例如憂鬱症、強迫症、焦慮症等；神經疾病，例如神經麻痺、偏頭痛、失眠等；生理疾病，例如陽痿、早洩、性冷感、神經性尿頻、遺尿等。除了輔助治療，對日常生活也有一定的改善作用，例如建立自信、減輕學習工作壓力、消除焦慮和恐懼、強化運動效果等。

那麼，催眠都有哪些疑問和爭議呢？這主要是從安全考量出發的，例如會不會醒不過來？完全被催眠師控制怎麼辦？暴露個人隱私怎麼辦？有沒有副作用？用過圖形處理軟體的人都知道「蒙版」工具，催眠就是一塊蒙版，被催眠者就是原圖，催眠師在蒙板上做一些圖元的擦除和添加，都是為了使圖片更美觀、更符合要求。解除催眠就是除去蒙版。無法除去蒙版的現象是不存在的。催眠師肯定有他的職業道德，我們如要求助，就應用人不疑。至於會不會暴露隱私，即使處在催眠狀態中，潛意識也可以選擇保留。

我們自己也可以在廣義上催眠他人。有一個笑話是這樣的：面試官要求求職者用一種辦法，使面試官對他終身不忘，於是求職者給了他一耳光。這是過分的，但對於面試官來說，是相當強烈的刺激，是催眠的開始。我們也可以在介紹自己時，重複自己的名字或與特點、能力相關的詞，從而加深印象。

那些年的冤假錯案

美國司法要求開庭時必須有陪審團，而且陪審團有裁判權。《十二怒漢》（*12 Angry Men*）就是在這一背景下的一部電影，其情景如下：

在一樁殺人案的庭審中，十二個人被挑選出來，他們坐在一起，成為陪審團。被告是一名年僅十八歲的男子，被控在午夜殺害了自己的父親。法庭上提供的證據極具說服力：居住在對面的婦女透過臥室及飛馳的火車窗戶，看到被告舉刀殺人；樓下的老人聽到被告高喊「我要殺了你」及身體倒地的聲音，並發現被告跑下樓梯；刺進父親胸膛的刀子和被告曾經購買的彈簧刀一模一樣；被告聲稱從午夜十一點到凌晨三點在看電影的證詞極不可信，因為他連剛看過的電影名字也說不出來。

經過六天聽審之後，法官對陪審團發布了裁決指示。在舉牌裁決時，十一個人認為被告有罪，只有一個人提出反對意見。這十二個人又被安排到一個房間進行研究討論，法官希望他們最後給出完全一致的裁決。

這十二個人來自不同的家庭，有不同的生活背景，從事不同的職業，有自身更關心的利益，有不同的人生經驗，有自己的偏好和性格，他們都是普通人，都不懂法律。很明顯，他們各自想著自己關心的事，希望這個無聊的案子早點結束，想儘快做出一致裁決。所以討論一開始，眾人都針對那個唱反調的人。但是，隨著討論的深入，他們發現了證據證詞中的虛假成分，同時認識到自己的輕率浮躁。十一個人逐漸改變觀點，最後都認為被告無罪。

根據現代心理學研究的結果，目擊證人的話是需要認真核實的，而且可以說在各類證據中，它可能存在不實之處。證人可能犯下的錯誤是，沒有清晰看到事情真正的發生過程，而是自己「推想」，理所當然認為是這樣或那樣，並且以適合自己的方式表達出來。拿上述案例來說，婦女透過臥室及飛馳的火車窗戶，看到被告舉刀殺人，其實她沒有看清楚被告手裡舉的是什麼，但理所當然以為那是刀子之類的兇器。每個人都有一定的閱歷，他積累的資訊會讓他在某一特定情境下，用腦海中固有的細節把模糊的畫面清晰化。婦女看到的畫面不是殺人現場，之所以言之鑿鑿，是在潛意識裡用想象把殘缺填滿，當然就是不準確的。

實驗證明，即使是特別近的目擊，也只是一個大致輪廓，印象非常模糊。

四十個觀察力非常好的心理學家正在開會，突然闖進一個人，緊接著又有一人持槍而入，兩人在會場廝打了二十秒，之後外面一聲槍響，他們逃走。這些是在攝影機拍攝下完成的。此時會議主持人要求四十位心理學家即刻寫下自己對剛才發生事件的記憶。要知道，他們是心理學家，觀察力非常好。但結果顯示，沒有一個人的描述與拍攝過程完全相符，竟有十三個人出現了五〇%的出入！那就更不要說平常人在事發之後再描述當時的場景了。證人作證時，已隔一段時間，對模糊的地方自然會有自己的臆斷，然而他想當然認為那是合理的。

再看看那個老人，他明明什麼也沒有聽到，為什麼非要說聽到「我要殺了你」呢？因為他想引起關注。還有那十二個陪審員，他們有不同的人格和利益趨向，使他們不耐煩和極具主觀性。要不是其中一個提出疑議，被告最後就會被判有罪。

有時，提問方式也會給證人帶來誘導性暗示，例如「在案發現場，……」這樣的提問，證人會自然而然在腦中提取與作案相關的記憶。這些記憶可能只是他從電視裡看到或聽到相關消息後所形成，不是他親身經歷的，也不是他當時親眼看到的。

知道這一點，對我們的生活很有幫助。我們應培養自己客觀思考的能力，避免受到太多個人主觀想法的影響，尤其當我們像《十二怒漢》中的陪審團成員和證人一樣，自己的言行對別人有決定性影響時。

第六章

心理暗示

「事成」只因你「心想」

幾乎每一個人扔紙飛機時，都喜歡先對著飛機哈一口氣。不過，我們好像從來沒有想過為什麼要這樣，可能是第一次見別人這樣，就不自覺模仿起來。也有人想過，並說那樣可以使飛機飛得更遠。有一位網友曾經提出這一問題，得到了這樣一個答案：送一口仙氣給飛機，讓它騰雲駕霧。

也許我們原先以為這種做法真有什麼科學道理，聽到「騰雲駕霧」的說法後，應該明白，那只不過是一種心理暗示。扔紙飛機多是小孩子的比賽，既為比賽，就希望獲勝，所以只要看似有點道理，就會願意嘗試。這種嘗試好像可以致癮。因為成人扔紙飛機時，就算旁邊沒有人看著，也沒有人和他比賽，也會習慣哈一口氣。這種癮就是暗示導致的。

NBA球員常常會在比賽中擊掌、撞胸，這也是習慣性的暗示。不過，這兩個例子還不足以體現暗示給我們帶來的好處。

老王是開飯店的，對藝術是個門外漢，但他認為搞藝術的人都很了不起，特別尊重他們。他心腸又好，常幫助寂寂無名的藝術家。其中有一位十分感激，送他一幅印象畫。他也不懂，但認定那是不錯的，就裱起來，掛在家裡牆上。老王一家每天看到那幅畫，對它產生了各種想像，茶餘飯後還互相討論。朋友來串門時，也誇那幅畫畫得好，老王懂藝術。一年下來，老王生意火紅，日子快樂。雖然他依然不懂什麼藝術創作技巧，但對藝術的認識卻更深刻了，很多小有名氣的畫家都請他鑒賞。

這個故事更清楚說明暗示的積極作用——它已經改變了老王的生活圈子。如果他願意，也可以在圖畫鑒賞上有所發展。這其中有兩個暗示：第一，每天見到印象畫，心想必有其存在意義；第二，朋友附庸風雅的誇讚。可見，暗示最大的效果是把不存在變成事實，讓人對自己、對某件事更充滿信心。

顧名思義，暗示的作用方式是潛移默化。它不是直接賦予人什麼，而是間接影響人的思想和行為。從心理學角度來說，它是繞過人的意識，調動潛意識的力量，這樣就可以開發人的潛能。統計表示，NBA球員在比賽中常常擊掌、撞胸，都會有優秀的表現。

暗示分為積極和消極兩種。積極的暗示產生積極作用，消極的暗示產生消極作用。一個人渴望成功，就要學會利用積極暗示，同時還要辨別消極暗示，並避免受其影響，重建良好的心境，進而改變行為模式。例如有人面對難題時，會告訴自己「我可以」，結果他可能會完成平時不可能完成的任務。除了語言，人類還有幾十萬種的信號進行相互或自我暗示。

至於暗示的作用機制，簡單來說，就是意念可以影響行為。電影《老男孩之猛龍過江》有句臺詞說：「只要不斷向宇宙發射成功欲望的信號，整個宇宙都會幫你實現。」這其實說的就是暗示。我們的意念、思想是有能量的，腦電波是有頻率的，它們的振動會影響其他的東西。振動頻率相同的東西，會互相吸引產生共鳴。當潛意識接收到某一指令，所有的思想和行為都會與之配合，朝著心中的目標前進。不斷想像、不斷自我確認、不斷自我暗示，總有一天，你的小宇宙會爆發。

我們可以從另一種與自我暗示極為接近的方法中得到啟發，那就是想像。想像的作用似乎比暗示更為傳奇，其實想像本身就是一種形象豐富的暗示。

美國朗格納桑博士做了一個實驗：三組年輕人，第一組每天想像自己在運用小手指，第二組每天想像自己在運用肘部，第三組不進行任何想像。三個月後，測驗發現：第一組手指肌肉的強度增加了三十五%，第二組肌肉強度增加一〇%，第三組沒有變化。朗格納桑給出的解釋是：人作想像訓練時，腦電波強度加劇，說明大腦向相關肌肉發射信號，從而提高了肌肉強度。

詹姆斯・納斯美瑟少校酷愛高爾夫運動。在一次戰爭中，他被關進戰俘營的籠子裡，身體不能大幅活動，也沒有人可以交流。這樣的生活一待就是七年。按理，七年時間，任何技術都應該荒廢了。但是，他竟然在獲得自由後第一次接觸高爾夫時，打出了七十四杆的好成績。當被問及是怎麼做到，他說：「我在獄中打了七年。」實際上，他是在獄中想像自己打了七年。七年裡，與高爾夫有關的所有事物和場景，他都進行了生動到位的想像。

這真可以說是心想事成。不過，這也不稀奇，我們也經歷過「心想事成」。例如讀小說讀到動人情節時，就會眼含熱淚，也能預知到下面的情節。

事實上，想像的作用遠比我們了解的強大。任何思維過程都有想像的參與。例如藝術鑒賞，不想像就難以把握它的美；例如演戲，不想像人物在場景下的表現，就不能模仿出來；例如網上買衣服，不想像就不知道合不合身。只是這些想像，沒有提到我們的意識層面。如果我們能有意識地想像著做事，效果會不一樣。想像的素材是來自現實和原有的記憶，其過程是對舊形象的加工和改造。它既能激起人的情感共鳴，也是創造發明的不二途徑。

讓笑容帶動快樂的心

「心想」則會「事成」，反過來同樣成立。

清朝宰相劉羅鍋的臉上總是堆滿了慈善的笑容。他晚年辭鄉時，一天傍晚，在小路上遇見幾個正在玩彈珠的小孩。他想和孩子們一起玩。有一個孩子問了他一句：「老頭兒，你會玩嗎？」大門旁邊的母親立刻過來說：「怎麼這麼沒禮貌，叫老爺爺。」劉羅鍋先是哈哈一笑，說道：「沒錯沒錯，他叫我老頭兒就對了。我本來就老了嘛。這個『頭兒』不正是想讓我帶著他們玩嗎？」那個孩子趕忙說：「對對對，我就是這個意思。」然後對劉羅鍋說：「老爺爺，我們來玩球吧。」婦人也樂了，沒有再說什麼。

如果有人說，劉羅鍋是真豁達，根本沒有在意孩子的話，那麼，很多心理醫生給憂鬱病人開的藥是「強顏歡笑」，這又怎麼解釋？

戴爾・卡內基（Dale Carnegie）給出了最好的解釋，假裝快樂，就會真快樂起來。我們肯定經歷過這樣的事：某人講完一個冷笑話時，沒有人反應過來，忽然一個人哈哈笑起來，其他人都跟著大笑。但是，有的人是在笑完十幾秒後，才知道笑點是什麼。這又說明，一個人的快樂行為，可以引發其他人的快樂行為。

心理學家發現，人的肉體和心理可以實現互動。憤怒時漲紅臉打人，這是情緒影響行為；儘管內心憂傷，保持眉開眼笑，慢慢地也會心生歡喜，這是行為反作用於情緒。上節說的是暗示對行為產生的積極作用，其實笑也是一種積極暗示。這個暗示過程是這樣的：「笑」代表「快樂」。雖然心裡不一定快樂，但經常假裝快樂，快樂這件外在的事，就會一直和我們如影隨形。慢慢地，它會趕走內心的不快樂，真正表現出快樂的舉動。整個過程中，「快樂」的暗示已經改變了我們的心理活動。圍繞這一方面，已經形成了一門新學科——心理生理學。

這只是保持笑容對自己的影響，而笑容或快樂的情緒的確會感染他人。劉羅鍋的故事裡，他不就把快樂傳染給了婦人和孩子嗎？我們常說「伸手不打笑臉人」，正是快樂的感染性。其實這也是一個短暫的暗示過程。憤怒之中要打人的人，看到對方對他笑，潛意識會想：「他為什麼笑？是有什麼好笑的事嗎？」在這種暗示和好奇心驅使下，一般人會停下來，然後對方趁機解釋勸撫，化解矛盾。

保持笑容是一種培養積極生活態度的生活方式。人生如逆旅，沿途坎坷與美景並存。你選擇看到的一面，就是你的心態。一個人只看到坎坷，就會憂鬱；一憂鬱，就會真的經歷坎坷；一經歷坎坷，會更憂鬱，進入惡性循環。經常看到美景，心情愉悅，奮發向上，就真的經歷美景。沒有積極的心態時，可以先從形式上積極起來。行為作用於情緒和思想，保持積極時間久了，就會真正積極起來。

人會經常陷入消極心理中。我們已經知道，情緒影響行為。人有無法喜歡自己的自卑、求之不得的挫敗、害怕失去的恐懼、被人侵犯的憤怒，這些都會帶給身心惡性後果。雖然看起來是從表面下手，但是保持快樂，是轉變各種消極情緒和想法的關鍵一步，也已經被證明確實有效。這也是一種極為簡單易行的方法。無論客觀環境多麼令人失望，我們也可以利用這一方法重建快樂的心境。每個人今天之前的際遇已經無法改變，但未來還在自己手裡。只有把握自己的心態，才能改善生活。

生活有時是沒有感情的鏡子，你快樂，才會在鏡子裡看到快樂。

讚美他人的時候，你在幹什麼？

馬克・吐溫（Mark Twain）十分推崇讚美別人的語言。他曾這樣說：「我可以只依靠一句讚美之辭多活兩個月。」雖然這有點誇張，但足可以看出，讚美對一個人有極大的精神慰藉。與其說是慰藉，不如說是補貼。一個人可能因為精神上缺點什麼，而有負面表現，這在孩子身上尤其明顯。有的孩子懶惰、淘氣、沒禮貌，很可能就是精神上沒有得到足夠的照顧。我們先不管其病因是什麼，只要適度贊揚他，就會「化腐朽為神奇」。

有個人很感激陶行知*校長。他說：「我在學校一度被看成調皮搗蛋的學生。一天，校長發現我拿土塊砸同學時制止了我，並約好放學後面談。但是不知為何，校長遲到了，他到辦公室見到我後，竟然先誇我守時，賞了我一塊糖。校長又說，他制止我時，我能及時住手，表現出我對校長的尊重，又賞了我一塊糖。原來校長遲到，是去查明我打人的原因。他說，我是為了保護女生才出手的，這說明我正直善良，又給

*註：陶行知，一八九一～一九四六年，中國著名教育家。

了我一塊糖。我既後悔又感動，認識到了自己的錯誤，校長又給了我一塊糖。從那以後，我就沒有和同學起過爭執，成績一路飆升。」

人需要被讚美。一個人被肯定，內心就會獲得極大的喜悅，進而激發他的無限潛能。把讚美之辭比喻成陽光、雨露、甘泉，都非常恰當。好的人際溝通可以從讚美別人開始，而且是很有效的一步。讚美還是人際交往中的潤滑劑，有助化解糾紛。我們更可以用讚美的言辭來鼓勵和安慰朋友。

人人需要被讚美，也需要讚美別人。這是因為，每個人的內心深處都有被肯定的需要。這種需要是最基本的，和物質上的米飯蔬菜一樣不可或缺。關於這一需要，有多種說法，例如尋求認同感、渴望得到重視、證明自我價值、需要被安慰、適當的愛慕虛榮等。每個人活在世上，都是為了證明自己存在的價值。而讚美則表達了別人對自己存在價值的肯定。

讚美之所以具有廣泛而強大的作用，就在於其暗示性。我們以陶行知對那個孩子的讚美為例。孩子可能根本不知道自己到底有沒有守時、正直、善良、勇於認錯這些美好的品德。陶行知所誇獎的，都是他偶然的行為，不一定是他的習慣。他那一次會守時，可能是出於對校長的忌憚；他保護女生，可能是看過爸爸毆打媽媽，在為媽媽出氣；他認錯可能是出於感動。但是，當時他的表現就是這樣的，他無從反駁，也不願意反駁。

重要的是，他在沒有那些美好品德下被讚美，給了他一種滲透力極強的暗示。他在很短的時間就認定自己有這些品德，而且日後也按照這些標準要求自己。也就是說，有時候讚美是一種主動、柔和、強有力的暗示。它和牆面廣告不一樣。牆面廣告是自己讚美自己，並刺激你的眼睛，吸引你去看，而讚美是主動出擊；牆面廣告透過長期機械性地重複，先摧毀你的評判機制，再灌輸你對產品的認可，讚美則是避開你的防禦心理，從你更樂於接受的地方切入，所以能快速產生效果。

需要注意，讚美不是浮誇。讚美需要發自內心，必須是言出有據，亦即真誠。我們再來看看陶行知的做法。他何嘗不知道孩子打人是不好的。但是他沒有在這一點上做文章，而是去了解打人的原因，之後從其他方面，有理有據地肯定那個學生。之所以人人樂於被讚美，是因為讚美本身就是如實陳述，是在替他人發現其優點。讚美就是說出人隱藏的優點，一般不需要做任何誇大。在治療某些心理疾病時，患者難以認可自身可讚美之處，這就需要適當放大其潛在優點。讚美要實事求是，而不是無中生有。例如見到較胖身材的女同事，我們可以從其他方面讚美她，而不能說「妳只是瘦得不明顯」這樣的話。這樣的話不是讚美，最多算是「好話」。但是最好避開這個話題，不然可能會被理解成反譏。

「安慰劑」安慰到你了嗎？

對病重、意識不清醒的人，可能要下猛藥才有明顯效果。對於偶染小病，但認定自己病情嚴重的人，又該如何治療呢？其實這時，是他心理病重，肉身沒有大礙，只需要給他心理下一劑猛藥，身體上的病極有可能不治而癒。

這猛藥就叫作「安慰劑」，一般是維生素，但此時維生素的功能不是補充營養，而是治療絕症。安慰劑是幾百年前英國醫生發現的：重症晚期病人在服用維生素、葡萄糖片一類沒有藥理作用的營養素時，常常因為醫生的鼓勵，通常是——這是一種特效藥，專門針對你這樣的病人研製的——而信心大增，最終痊癒。這證明，心理可以作用於生理，心理治療可以作為臨床治療的重要輔助手段。甚至我們可以說，只要病人相信，一瓶水也是安慰劑，也能給他信心。

安慰劑既是一種「藥」，也是一種心理效應。安慰劑效應是說，只要暗示足以使人相信，看似不可能或極為困難的事也能輕易做到。

日本人的生活壓力非常大。二十世紀八〇年代，工作給日本上班族帶來的巨大壓力常使他們難以入睡。儘管有副作用，他們也只能長期服用大量安眠藥維持基本睡眠。後來醫生把維生素當成安眠藥開給重度失眠患者，並告訴他們那是新研發的特效藥。結果，六〇%的失眠患者可以順利入睡。之後，這種「特效安眠藥」得到推廣。

暗示的結果是相信。當相信的程度升級為信念，人的潛能會得到全面激發，表現出驚人之舉。在動畫電影《功夫熊貓》中，龜仙人告訴熊貓阿寶的師父：「沒有什麼不可能，只要你相信。」後來，師父終於成功說服自己，又成功暗示了阿寶。在師徒二人共同努力下，阿寶變成一個拯救世界的英雄。

我們主動完成一件事之前，一定是先相信它的絕對可能性，並相信自己可以完成。數羊的辦法是西方人用來解決晚上睡不著覺的辦法。無論有效無效，大部分人睡不著時，都會數羊。

給別人暗示比較容易。從狹義安慰劑來說，病人只要不知道所吃的是什麼，就會無條件相信醫生說的話。當被暗示者對暗示語言或事物有相當了解，暗示起來就比較困難。假設有一個身體柔弱的士兵，上戰場前，將軍給他一把普通的刀，並告訴他刀上有魔力，可以使持刀者戰無不勝，他多半會難以相信。只有當他在戰場上偶然一揮刀，成功殺死一個敵人，才會深信不疑，真的一往無前。其實，如果將軍給他一把外形奇特的刀，他會更容易在第一時間相信它有魔力。最難的是自己暗示自己，因為人總認為自己是最了解自己的。我們的潛能是無限的，只是由於先前的失敗經歷，使我們封閉自我，不能正常發揮出來。

面對人生重重壓力，很多時候別人幫不了你，所以自我暗示是重要的應對方法。假設有一個脾氣有點急躁但還算講理的父親，有一天他在其他地方生了點氣，當他看到孩子犯了一個小錯，他可能會上去打他。事後一想，這樣遷怒孩子不對，但是出於父親的威嚴，他很有可能不會向孩子道歉。如果孩子再不能從母親那裡得到安慰，那麼這個孩子很可能會產生心理陰影。這種陰影可能會籠罩他度過童年。假如這個孩子有較高的心理素質（當然不是所有孩子都會具備，所以家長要學會真正善待孩子，注重其心理成長），他可以對自己說：「爸爸平時不是這樣，可能是在其他地方受了委屈。」這樣，他就完成了自己對自己的暗示，認為自己還是一個不錯的孩子，還可能幾天之後主動找爸爸談心。

暗示分為消極和積極兩類。積極的暗示能使人走出陰影，激發無限可能；消極的暗示會讓人墮入悲觀的深淵。一旦出現消極暗示，一定要及時排除。例如有一天面臨大考，天氣陰沉，消極的人可能會覺得那是考砸的徵兆，積極的人會想「這麼涼爽，考試時就不會出汗了」。往壞處想的人可能會考得糟糕，往好處想的人可能會考得很出色，而這已經與平日表現無關了，全受心理左右。

我們不像哈利・波特一樣幸運，出生時就得到「英雄光環」，魔藥學課上得到老師的「福來福喜」幸運水，反倒是常常遇到意外的挫折。當遇到挫折，尋求他人安慰是最直接、有效的辦法。如果沒有人可以幫助你，就給自己一點積極的暗示吧。哪怕是反復告訴自己「我不是最差的，我還行」，也比深陷挫折中強。工作中，如果上司交給你一項看似不可能的任務，先告訴自己「我肯定可以」。然後仔細分析任務，確立對策，完成它。

「福無雙至，禍不單行」是怎麼回事？

現代人常說：「人倒楣時，喝個水都會嗆到。」也說：「福無雙至，禍不單行。」其實道理是一樣的。以下來看三個事例。

小白是一家公司白領，工作清閒，收入頗豐。工作合約馬上到期，她覺得還行，於是決定續簽。家裡丈夫對她很好，和公公婆婆一起住，從來沒有吵過架。一天中午，小白因故回家，震驚地發現丈夫和一個年輕女子在家親熱。晴天霹靂之下，她憤怒難消，決意離婚，每天工作也無精打采。三天後，老闆和她談話，告訴她不打算和她續簽合同。兩天之後，小白收拾自己的東西回家，路上撞倒一個老人，所幸老人沒有大礙。

此時她的境遇，恐怕所有與惡運有關的詞都難以形容，可真是災禍連連，倒了大霉。

老王有一對雙胞胎兒子，二〇〇八年夏天同時參加大學考試。老大平時很乖，學習很努力，做事也有分寸，深得父母和鄰居喜愛；老二也聽話，就是有時候調皮，沒有監督就偷懶，但是人特別聰明，一教就會。高中三年，老大一直勤奮學習，老二前兩年只顧著玩，高三才跟著哥哥踏實下來，用了半年功。考試完畢，兩人感覺都很好。之後，老大的錄取通知書到了，家人喜不自勝，一同誇讚，但是老二的沒有來。母親安慰道，可能沒有一起下來，過兩天再說吧。一個星期過去了，老二第二志願的通知書來了。父母自然也高興，但還是惋惜兄弟倆沒有一起讀同一所大學。

對於兩個孩子來說，喜悅的程度大致相等，老王卻明顯有不同程度的喜悅。

工廠衛生監督員老劉工作一向兢兢業業，從來沒有出過岔子。他為人實在，對同事們特別真誠，吃了大虧也不計較。為此，懷有身孕的妻子沒少和他吵架。鑒於其工作表現，一天員工大會上，總經理親自宣布升他為工廠主任。會議完畢，他急忙趕到醫院。剛到門口，父母就告訴他，妻子生了個四千多公克重的兒子。

老劉這可以稱得上好事成雙了。

以上三個例子，各有悲喜：小白命真不好；老王的二兒子用功少，沒有考上第一志願也在預料之中；老劉雙喜臨門，這叫好人有好報。

如果我們這樣評價，說明自己的心理也被暗示了。為什麼說「福無雙至，禍不單行」是一回事呢？其實，所謂好事連連，倒楣透頂，只是多個必然發生的偶然事件而已。而我們的心理最容易受到第一件事的影響。第一件事情發生時，人會產生心理暗示，壞事產生的是陰影，好事產生的是期待。臨近發生的事如果是壞事，就是禍不單行；當期待的事遲遲不發生，就是福無雙至；當臨近的事是好事，就是好事接二連三。可見，福可雙至，禍也可單行。這都是暗示在起作用。

對於禍不單行，可以用「畢馬龍效應」（Pygmalion Effect）來解釋。當我們經歷一件倒楣的事，心裡會很自然地想「運氣真背」。其實還有一種潛意識，那就是對類似倒楣事件的警戒心理，「希望不再那麼倒楣了」。這兩個條件都近似催眠。壞事雖然過去，但其陰影根本沒有散去，一直籠罩著自己。當壞事真的再次發生，我們之前「運氣真背」的想法就會更加強烈，心想：「果然我最近都很倒楣！」好像之前的想法變成一種預言，現在應驗了。

再來看福無雙至。第一，好事發生之後，自己對接下來期望中的事會抱更大期望，其實內心已經預感可能不會發生，但還是希望老天爺「不吝賜福」。這樣，事情若真的如內心所想，自己會再次欣喜起來，若不如意，就會大失所望。第二，好事發生之後，人的心理會比較放鬆，興趣和動力已經消耗得差不多了，很難再關注接下來的好事。其實老王的二兒子考的學校也不錯，但就是沒有老大來得高興。

福無雙至也好，禍不單行也罷，都不過是偶然事件。但是每一件事的發生都有其必然性。我們可以從前面的例子得到證明。小白是公司白領，工作清閒，收入頗豐，她覺得還行，工作合約馬上到期，她決定續簽。可以推測出，她滿意工作但沒有熱情，可能平時就表現出懶散馬虎的毛病，而老闆是不會喜歡這樣的員工。老劉的情況相反，他工作認真，待人真誠，這些都看在同事和上司眼裡，被提拔也是意料之中。而女人只要懷胎時間足夠，自然要臨盆，只不過剛巧趕在他升職前後而已。再看老王的兒子，老二聰明，但畢竟荒廢兩年多，比大哥差些也是應該的。

但是，我們的大腦更能記住失敗，因為失敗的刺激更強烈。當我們成功，會歸功於自己的能力或努力，但面對失敗，則怨天尤人。所以，成功的喜悅往往比失敗的痛苦短暫得多。知道這種自然的心理傾向後，我們可以有意訓練自己，好事不欣喜若狂，壞事不大悲或大怒。當我們把所謂好事、壞事都視作偶然和平常，就擁有了強大的平常心。

第七章

壓力

「壓力上癮」是怎麼回事？

壓力無所不在，沒有人可以倖免。不正常釋放壓力可能會導致心理疾病。有一群人已經適應了種種壓力，倘若突然沒有了，反倒覺得不自在。這就是壓力上癮症。

有壓力上癮症的人，已經習慣了忙碌的生活節奏，對壓力產生依賴，一旦暫停周而復始的日常工作，就不知所措，若有所失。他們會把更多精力放在工作上，把日程填得滿滿的，安排一個又一個計畫，然後一一完成。他們做得越多，越有成就感，甚至覺得放鬆是一種罪惡。即使沒有什麼事可做，也要找出一點事來，然後「小事化大」，製造緊張氣氛。壓力上癮一族的具體表現有：報名各種學習班；拒絕和家人一起旅行；經常緊張不安；工作時不開心，不工作更沮喪；愛發牢騷，說自己壓力大。

從這些表現可以看出，他們實際上還是不願意超負荷役使自己的。在重壓之下，沒有人可以幸福愉快地生活。再者，長此以往，壓力上癮者的感情和身心健康都會崩潰。雖然他們傾心工作是為了把家庭照顧得更好，但這只是物質上的供給，而家人更需要的是感情上的扶持。

壓力上癮者已經不能忍受沒有壓力，如何克服這種上癮症呢？首先，家人可以降低對他的要求，多關心生活上的事。其次，壓力上癮者可以報一個自己最有興趣，但與賺錢關係不大的學習課程，發展這一愛好，使精力從日常工作上分散一部分。最後，最好能改變觀念，擴大成功的定義，例如獲得財富不是唯一的成功。

單從壓力上癮者的情況來看，貌似必須要排除壓力，不然鬱積在心裡，會導致各種不良情緒，例如焦慮、憤怒和壓抑等。然而，壓力再怎麼有害，卻無法消除，因為壓力的根源難以消除。

產生不良情緒的原因，是所謂的心理壓力。而心理壓力的本質，是不符合期待的結果。期待是從日常學習和經驗中產生的、對最終臨場表現的預期。如果應對臨場的心理素質比較差，就會「在關鍵時候出錯」，亦即嚴重不符合期待。很多老師眼中的資優生，平時考和模擬考都出類拔萃，一到大型考試，成績就跌到後面；輕車熟路的工作，由於上司特別強調了一下，竟然會覺得無從下手；千錘百煉的運動員，到了奧運會上，往往表現失常。遇到這種事，要肯定自己的能力，不能因為一次表現失常就妄自菲薄。考試本來就不單單是知識和能力的檢測，還有心理素質的考驗。只有改善臨場心理，具備一顆強大的平常心，才能遊刃有餘地展現出知識和能力。

「出錯」這一類事例可以證明，最常見的心理壓力來源就是自我期待。心理壓力是一種身心緊張的狀態，其本質就是環境要求與自身應對能力不平衡。

壓力永遠不可能消失，我們要面對這一無情的事實。沒有一種方法可以從根源上清除壓力，只能減緩或發洩。壓力的根源是環境要求，而環境就是我們現在所處的現實社會。在如此便捷的現代社會，除非一個人把自己的欲望縮減到極小，否則他的能力永遠無法應對環境要求，他的心理壓力會永遠存在。所有培養應對能力或平常心的方法，目的都是與環境壓力相平衡。然而，心理壓力並沒有消失，只是我們心有餘力與之周旋而已。縮減欲望是極難的，所以壓力極難解除。

我們也不得不承認，壓力不一定會變成動力。「把壓力變成動力」的說法不過是自己或他人給我們的鼓勵而已。單從力學的角度就可以明白這一點。物體運動必須有動力的作用，最簡單、常見的就是推力和拉力。有動力必須有阻力，不然物體無限加速，地球早就分崩離析了。最常見的阻力是摩擦力，而摩擦力大多是壓力給予的。當壓力足夠大，阻力就足夠大，大到超過動力時，物體就會減速，最終停止。從上述過程中，我們可以看出，壓力不但不會成為動力，其本身就是一種阻力；同時，壓力必須適度存在，這是維持物體在一定空間運動的需要。同理，心理壓力無法變成動力，但動力因為有壓力的存在而變得有意義。心理壓力有多大，人就應該給自己多大或更多的動力。這樣才能維持正常的心理活動，否則就會原地踏步，寸步難行。

一個人的生命活動由他的心理活動支配，心理活動好比物體的運動。人的欲望、對周圍世界的愛、他人的鼓勵等是心理動力。所有的求之不得、挫折和失敗是心理阻力，也就是壓力。心理動力大於心理壓力時，人會衝勁十足，事業蒸蒸日上；心理動力小於心理壓力時，人會出現負面情緒，萎靡不振，無心做事。

雖然說壓力時刻存在，無法解除，也不會變成動力，但是日常生活中還是要注意緩解壓力。因為動力，也就是應對能力，還遠不能使自己保持加速運動。常見緩解壓力的方法有：

- 他處補償。俗話說：「失之東隅，收之桑榆。」當一種方法不能完成目標，覺得壓力太大，就走別的途徑。前面說過，壓力的本質是環境要求與自身應對能力不平衡，其實環境要求過高也是因為自己設定的目標過高，難以短期實現。所以可以細化目標，分成一個個全新且極易實現的小目標。

・對人傾訴，參與社交。接近具有正能量的人，就會擁有正能量。

・飲食療法。香蕉、葡萄柚、全麥麵包和深海魚類對緩解壓力都有一定幫助。

・規律作息。充足休息，工作才會順利，不能一蹴而就。

我們活在壓力中，而且很多壓力是自己現階段不該承擔，卻攬過來的，例如房價上漲時，擔心自己未來買不起。也有太多事情是自己能力以外的，如果不能泰然面對，偏偏要迎頭而上，只會使自己身心勞累。例如上班路上，烏雲密布，似乎大雨將至，心態不平靜的人會說：「完了，要遲到！」而內心平衡的人會說：「這是沒有辦法的事。」俗話說：「盡人事，聽天命。」縱使心中期待沒有滿足，只要問心無愧，就對自己說一聲：「沒關係，這是天意吧！」

為什麼壓力讓人失控？

研究發現，人在壓力大的情況下，會表現出非常規行為。無法克制並屈從於誘惑，就是其中一種表現。

個體適應生活的過程中，必然會產生心理壓力。它是一種身心緊張的狀態。壓力的本質是環境要求與自身應對能力不平衡。壓力的來源有三種：生物性來源，如軀體創傷或疾病、飢餓、雜訊、氣溫變化等；精神性來源，如個體不良經驗、道德衝突、不良個性心理等；社會環境性來源，又分為純社會性和人際交往性兩種。可以說，生老病死、戀愛婚姻、就職失業，任何變化都可能導致心理有壓力。不存在完全沒有心理壓力的情況。也可以說，沒有壓力本身就是一種壓力，這就是空虛。

為什麼壓力會使人難以克制自己的行為？要回答這個問題，首先要簡單了解大腦是怎樣控制我們的行為。不同的行為，由大腦深處不同的原始部位控制著。這些部位儲存著人類原始的衝動，其神經細胞釋放神經傳導物質或荷爾蒙（多為去甲腎上腺素和多巴胺），受體細胞與之結合，表現出相應的原始興奮。例如大腦紋狀體和飲食習慣有關，下視丘和飲食欲望及性欲有關，杏仁核與情緒有關。這些部位又由另外一個部位控制著，那就是前額葉皮質。它是大腦的命令和控制中心，是人類大腦中最發達的部位。前額葉皮質把命令信號傳遞給各個下屬部位，這些命令就是抑制原始衝動。沒有壓力的情況下，前額葉皮質、大腦深處的控制部位、身體運動部位的神經傳導是一條閉合的回路，人可以實現自我控制。

過大的壓力會使人們最基本的自控能力下降，同時產生負面情緒。其對神經的作用過程是這樣的：以情緒為例，杏仁核在壓力作用下，釋放過多的去甲腎上腺素和多巴胺（多巴胺可以強化各部位與前額葉皮質的連接），導致前額葉皮質中神經細胞的信號發生改變，無法再傳遞下去，整個回路就斷開了。這也意味著前額葉皮質的功能被削弱或切斷，控制權被轉移到了大腦深處的原始部位，進而引發一系列不受現代人控制的行為，例如暴飲暴食、酗酒、瘋狂購物等。

心理壓力是憤怒、焦慮、悲傷和自我否定等負面情緒及上述非常規行為的內因。應該說，這些是與生俱來的，是人類的本能。這種原始的衝動更接近嬰兒狀態，但是，人在社會上必然是理性的動物，一個人的成長過程，就是逐漸提高自我約束力的過程。面對壓力時，儘管憤怒不能去除根源，瘋狂購物也不能減免經濟擔憂，但我們的大腦會對它們表示「肯定」，認為它是減緩緊張、獲得快樂的最佳途徑。就像小孩，父母不在時，號啕大哭根本無用，但還是會哭，並且堅信會把父母哭回來。我們再以成年人的拖延為例。

由於一個人的完美主義，他事事要求最好，往往會把所有事拖到最後解決，但發現時間來不及時，必然會焦慮不安。這種焦慮會使他繼續拖延，而不是奮起直追，這樣就形成了惡性循環。所以說，如果一開始覺得壓力過大，一定要及時調整，否則極有可能造成各種「壓力病」。

雖然面對巨大壓力時的各種表現是本能的，但它畢竟是自我的虛假「肯定」，是逃避。從長期發展來看，這對大腦的神經控制是有害的，會產生各種神經性障礙，進而導致生理性疾病。

越說「什麼都是浮雲」，就越不是浮雲

現在有太多網路和日常用語，利用自我嘲諷進行調侃。其中有一句是：什麼都是浮雲。浮雲的形象虛無縹緲，轉瞬即逝，給人一種飽經滄桑、洞察世事的感覺。

很可惜，這樣說都是故作豁達。這話是說給自己聽的，言者可以藉此瞬間陶醉於虛幻之中。在把一切說得蒼白無力的同時，真正證明的，是自己在現實面前的蒼白無力。在什麼都是浮雲者眼裡，什麼都不是浮雲。

不良情緒是壓力大的結果，而什麼都是浮雲，正是巨大心理壓力的反映。這些壓力來自哪裡？來自現代社會和家庭。現代社會的生活方式，既方便又快捷，但正因如此，使我們對物質的追求遠遠大於對精神的陶冶。這一大截差距，就是精神壓力的根源，而什麼都是浮雲就是虛假的彌補。

當高樓大廈已經明晃晃地擺在眼前，一切生活用品應有盡有，壓力就已經開始產生。創造的過程被節省了，就得不到滿足感，只能從別人手裡獲得，這種獲得很少是精神上的。而且人人如此，大家快捷又方便地生活著，沒有條件和能力完全自給自足，這就催生出獲取的欲望。而獲取之後的攀比又強化了欲望。有了欲望，就必須要有相應的能力，但我們一生獲得的能力可能不會和欲望相匹配。因為商品琳琅滿目、迅速更新，情感需求太過複雜、變化無常。

這是社會進步的必然過程，誰也改變不了。在現實條件下，只有欲望和修養平衡的人才能活得安然。而自身能力不足、需求過多的人，或已經得到又患得患失的人，只能活在焦慮、恐懼和憂鬱等不良情緒中，並且用什麼都是浮雲來麻痺自己。

什麼都是浮雲是心理壓力過重的體現，那要如何減輕壓力呢？

與這一短暫自我欺騙方法相對的，還有一個更有效的辦法，那就是了解自己和人類社會的心理。所謂「盡知無畏」，任何事情，只要有足夠透徹的了解，就不會害怕（人類對大自然天生的恐懼，就是源於永遠的一知半解）。有一個與老虎有關的例子，那就是黔驢技窮——老虎知道驢的所有伎倆後，必然會恐懼全消，撲食驢子。同理，知道壓力從何而來，壓力是怎麼回事，然後反思，就不會在受挫時焦慮、憤怒和憂鬱了，也不會說什麼都是浮雲了。

「捏捏族」永遠捏不碎壓力

生活在城市的人壓力都不小。釋放壓力的方法也多種多樣，例如運動、唱歌、彈琴、喝酒、淋雨。有一種方法，一般人多不會採取，那就是捏碎東西。

超市裡，你會發現有些食品，例如泡麵、餅乾、冷凍水餃，不知道是誰，把它們捏得粉碎。甚至連灌裝飲料也難逃魔爪，瓶蓋被打開，漏了氣。超市因此蒙受損失不說，還要遭到偶爾買回家的消費者責罵。其實，應該責罵的不是超市，而是一群有著非正常行為的人。他們才是「罪魁禍首」。只要是會發出脆響的東西，他們都有可能捏一捏，所以稱他們為「捏捏族」。捏東西不但損害別人的利益，對「捏捏族」自身也有害，例如可能導致強迫症。

我們先來詳細認識這種怪病。前面說到，此舉是人在釋放壓力。他們的壓力來自學習、工作、結婚、買房等。這些壓力施加於他們的身心，導致焦慮、憤怒和恐懼等不良情緒。人的本性是趨利避害，保護自己。我們的身體不會允許這種負面情緒鬱積，自然要找一個出口發洩。而我們同時還有一定的自我約束力，一般不會採取太激烈的方式。捏碎超市的東西，滿足了他們尋求刺激的心理，所以他們將它當作一種釋放壓力的選擇，他們覺得聽東西碎裂或氣體排出時給人以快感。而其他方法多少要花費代價，例如爬山，要付出體力。統計顯示，「捏捏族」多為女性，這可能是因為男性在生理上比女性強大，發洩的強度也更大一些。

「捏捏族」表現出來的是一種「退化」行為，即當一個人無力承受巨大壓力時，有人選擇回到幼兒時代，藉此保護自己，也就是排解壓力。其實壓力並沒有消失（獲得成功之前，壓力永遠不會消失），而是轉嫁給了別人。東西一碎，焦慮就跑到了超市管理者和買東西的人身上。如果不能及時制止這種畸形的痛快，「捏捏族」會越來越不滿足於捏碎食品，他們會擴大捏的範圍，甚至會捏人。

一天下班後，李先生發現兒子身上被捏得青一塊紫一塊，後來發現是妻子所為。追問之下，妻子才說明緣由。原來一個月前老闆找她談話，說她工作效率低落。她為了表現好些，時常加班，但覺得很累，每天還是會積累一些工作。昨天兒子過來煩她，她隨意捏了兒子一下，發現這樣心裡很舒服。今天回來，又不自主捏了幾下，但是她感覺當時沒有用那麼大的力氣，不至於出現瘀青。

在這個例子中，孩子和超市管理者、其他買家一樣，都是無辜受害者。雖然李太太不是由於捏超市食品上癮才捏孩子，但是二者在本質上是一樣，都是用不正常的方法來釋放壓力。他們難逃責任。不少「捏捏族」被當場發現，必須賠償損失，而李太太也面臨著丈夫的嚴重警告。

這裡要強調，獲得成功之前，壓力永遠不會消失。亦即，不管用什麼方法釋放壓力，都只是暫時的，因為源頭沒有消失。這並不是說，面對重重壓力，我們只能束手無策。有兩個直接的辦法：第一，直面人生。社會發展必然伴隨重大生活壓力，尤其是在城市。所以，一顆心坦然接受這一點就已經很強大了，超出負荷時，再用開頭說的正當方法調節。第二，向著確定的目標，忙碌起來，忙到沒有時間想有沒有壓力這回事。後一種辦法可能會使身體吃不消，還是建議坦然面對。這種面對，當然不是對峙。可以嘗試了解人類思想方面的學問，例如哲學、心理學、人際溝通等。越是透澈地認識一件事物，越會平淡視之，越沒有惶恐。

第八章

負面體驗

為什麼人人都愛「幸災樂禍」？

有時候，我們提高修養，注重文明，卻可能會違背我們的內心。這麼說不是要人停止修養，而是認清修養的本質，更理性地自我修煉。

人有一個天性是，更關注負面消息，並且會傳播它。俗話說：「好事不出門，壞事傳千里。」。總結一下網路或報紙上的新聞，會發現負面報導占有一定篇幅，例如某工廠發生爆炸、歹徒當街襲警、某明星出軌。茶餘飯後議論的焦點，也總有這些壞消息的身影。新聞評論家們也總是能挖出好現象之中存在的醜惡。

為什麼人們會如此關注並談論惡性事件呢？關注並談論惡性事件的本質是趨利避害的天性。人以自己為中心，會喜歡並希望接近和占有對自己好的東西，也樂意從事對自己有利的事；厭惡並希望遠離對自己不好的東西，也不願意做對自己有害的事。這些惡性事件，對當事者自然是有害的，但對於局外人，卻有一定的意義。這一點可能難以理解，不過心理學家給了很好的解釋：人們把注意力集中在悲慘或卑劣的事情上，可以使自己做好準備，以面對危險或規避錯誤。這對延續人類生命和發展文明都是必需的。所以，當聽到或看到別人倒楣，人們會下意識地去關注它，從中吸取經驗，以更利於自己的生存。

按照這個理論，應該會同時發生對當事者的同情，但為什麼朋友摔倒時，有的人不是關心他「怎麼這麼不小心」，而是幸災樂禍地嘲笑他摔倒？原來除了上述自利心理，還有另一個心理因素。當接觸到負面事件，有的人在同情和自利之後，還會慶幸自己沒有同樣遭遇，相比之下就產生了優越感。而傳播壞消息其實是對自我優越感的放大。因為這種優越感對自己是極為有利的，在趨利的天性下，就算不嘲笑別人，但同情之前，內心也一定會先竊喜。

當遇到別人出事，有的人選擇視而不見或袖手旁觀，可能是出於避害心理。只要有一個人因為幫助別人，最終被人訛詐或誤會的消息流傳開來，人們很容易盲目地認為做好事都會有壞結果。所以人們才會有如此行為。

綜觀以上事件，根本原因都是人類趨利避害的本性。所以人們關注、傳播負面消息都是正常的。不過，若過度傳播一個人偶爾的過失行徑，會使大眾產生此人本性卑劣的固定認識，這是對其最有害的地方。這個受害者可能會把謠言變成現實，報復社會。如果他心理過度脆弱，甚至會選擇結束生命。所以，災難和惡行都是壞事，人們關注它是天性使然，傳播消極消息使我們警惕，但千萬不要傳播謠言。

我們應該讓自己有足夠的涵養，別人毀謗自己，只要問心無愧，就不必太過縈懷。可以藉此幽默地自嘲，樂呵呵一笑，事後自己拿來當笑話說，也可以博人一笑。此外，還要明辨是非，流言止於智者。要知道，偶然不是必然，不能因為一件事把一個人看死。不能盲目從眾，三人成虎，而我自有明辨。

為什麼得到的喜悅，難以抵消失去的痛苦？

人類喜歡好的，厭惡壞的。得到想要的會喜悅，失去珍惜的會痛苦。如果把痛苦比喻成一個坑，把喜悅比喻成土，我們會發現，這個坑好像難以填滿。

一個簡單的擲硬幣實驗可以證明這點。以人頭為正面，擲到正面得一百元，反面輸一百元。問受試者是否願意參加這個遊戲。大量結果顯示，絕大多數人不願意。客觀地說，輸贏的機率各占一半，但為什麼人們不願意參加呢？原因在於，一想到可能會損失一百元，心裡會不舒服，其程度遠遠超過得到一百元的快樂程度。

再問受試者，贏多少錢才願意參加。他們回答的平均數字是二百元。於是我們有了進一步的結論：當贏錢的數目至少是輸掉的兩倍，才能抵消普通人對輸錢的厭惡。

雖然厭惡損失的心理是行為經濟學中前景理論的核心概念，但它更具普通心理學的特點。日常生活中，這一心理得到了更普遍的應用。不過由於它是很自然的心理，我們難以察覺到，但是商家可以敏銳地捕捉到。一款新產品出來時，他們會在定價上下足功夫。我們很少看到一件商品大幅度漲價，從它上市到退出市場，價格一定是在下滑。就算有漲價的波動，肯定也不會持續很長時間，商家的藉口多半是材料和運輸成本增加。價格是價值的反映，但產品降價不代表其本身價值降低。商家之所以降價，是考慮到消費者厭惡損失的心理。降價相當於得到，漲價相當於失去，失去對消費者的心理衝擊遠比得到來得大。

這一理論還有一個變形，我們可以用「敝帚自珍」來概括。也就是說，明知要失去時，對已有東西的價值估計，會超過其實際價值。錢本身就是一個衡量價值的單位，如果把錢換成一種商品，敝帚自珍的心理會體現得更加明顯。理查・塞勒（Richard H. Thaler）*教授的實驗就是這樣。

---

*註：理查・塞勒，一九四五年～，美國經濟學家。

加拿大有一種馬克杯，在學校超市的售價是五美元。泰勒教授在一間教室裡，讓一批大學生出價買這種杯子。當然，他們不知道價錢，杯子上也沒有標價。他們的出價範圍是〇・五～九・五美元。在另一間教室，條件相同，差別在於教授先給每位學生一個馬克杯，然後通知他們，學校因為舉辦活動需要用到這種杯子但庫存不多，要從學生手中買回一些，問他們願意開多少價來賣自己手中的杯子。

結果顯示，第一組的平均出價是三美元，第二組的平均定價卻是七美元。同樣價值的杯子，兩組學生的心理價值竟然相差這麼大，而且後者的價格明顯高出杯子的實際價值（我們姑且認為超市售價約等於實際價值），這就是敝帚自珍效應。第二組已經確定他要失去杯子，心裡又不願失去，很自然地認為自己的杯子更有價值。同時，定高價格也是為了避免失去。

敝帚自珍效應是人們規避風險的一種表現，說到底還是因為厭惡損失。

「人生贏家」為何還憂鬱？

二〇〇九年一月十日，德國足球運動員恩克選擇了漢諾威的一條地區鐵道，讓迎面而來的列車結束了他的生命。二〇〇三年四月一日傍晚六點四十一分，演員張國榮因憂鬱症跳樓自殺。一般認為，受挫的人才會患憂鬱症，他們自殺的可能性更大。但事實證明，一帆風順的人，同樣會患上憂鬱症，甚至有自殺念頭。

一個從小學到高中都表現出色的學生，可能會在大學表現出各種異常行為，甚至衝動之下輕生。李明就是這樣一個學生，他回憶自己的心路歷程時說：

從小學到高中，我一路都很順利，周圍的人也時常表揚我。現在我知道，當時心智尚未成熟，所以那些贊許讓我感到自豪。但是，進入大學後，隨著周圍環境的變化，獨立空間和思考時間都變多了，我恍然發現，為了成績而學習並不能帶給我長久的快樂。除了成績，我有更多不知如何填充的空白。我又不善於交際，所以經常覺得無聊，生活乏味。還沒來得及找到解決辦法，我的身體開始出現胸悶、頭疼等異常反應，潛意識裡負面想法越來越多，最後情緒低落、精神壓抑，有了輕生之念。

李明的情況只是憂鬱症的一個典型成因，還有很多其他情況。但是，歸結到心理表現都是一樣，那就是：缺乏生活動力、找不到人生意義、事事順利卻沒有喜悅、感到悲傷和空虛、對各種活動都沒有興趣、有罪惡感、有自殺念頭。達到一種似病非病的程度時，往往有如下臨床表現：感覺哪裡不適但說不出來、經常用手支著頭或用手捂胸、覺得嗓子裡好像有什麼東西、想換環境、有反抗心。憂鬱症的症狀是：沒有食欲、體重減輕、失眠或嗜睡、容易疲勞、反應慢。

大多有憂鬱症的人意識不到自己已經患病。調查發現，學校、家庭、社會對這種病症的識別率也不足一%，一些醫院的識別率僅為十五%。

現在人們常把鬱悶掛在嘴上，鬱悶不等同於憂鬱症。兩者都是心理體驗，但鬱悶時間更短。憂鬱是一種持續的悲哀、沮喪、鬱悶的情緒體驗，又被稱為心理感冒。

其實，很多人都有過憂鬱的體驗。四分之一的人經歷過一段憂鬱時期，五%的人正在憂鬱中。

研究發現，憂鬱情緒雖然具有危險性，但也有好處。美國紐約大學教授韋克菲爾德說：「憂鬱是有好處的，它可以幫助人們從錯誤中吸取經驗，讓人變得更堅強，勇敢接受生活的挑戰，最終取得成功。」憂鬱是負面情緒的一種。心理學認為，憂鬱是平衡精神健康的重要環節，也是人類的本性。歷史上曾有不少偉人受到憂鬱情緒的困擾，例如邱吉爾、林肯、牛頓、貝多芬，他們卻仍然能夠成就豐功偉業。其原因是，情緒低落的人能表現出很強的執行力。而快樂的人之所以快樂，是因為他們對現狀很滿意，這就可能會失去改變生活的動力。

關於憂鬱症，以色列心理學家有其他發現：憂鬱症患者的嗅覺會受到損傷，導致塗抹香水過量。他們認識到，大腦中負責嗅覺的區域與負責情緒的區域，可能存在關聯部分，或幾乎是同一區域。患憂鬱症的人，只有某一氣味過濃時，才能聞到。所以，如果發現一個人過量使用香水，可能是憂鬱症的前兆。

雖然憂鬱的人有做出傑出貢獻的可能性，但普通人恐怕難以成功地自我控制，不惡化成憂鬱症。所以，我們還是應盡量遠離憂鬱。如果被人提醒，或自我警覺到憂鬱了，請自行對照症狀，自我判定。我們自己也可以治療憂鬱情緒。具體做法是：為自己訂定簡單的任務、把活動記到日記中、多與他人交談、多進行運動或團體活動、及時自我肯定、避免談消極的話題。

「破罐子破摔」也有道理？

一個男人開始工作穩定、表現優異，他同時會覺得，女朋友溫柔美麗，朋友重視自己，家人關係和睦。

買房的人多半會買車。有了房子，就想裝修。買了車子，穿衣服也要有品位。

丈夫送妻子一束百合花，說：「妳的氣質就像百合一樣清新美好。」妻子很高興，從此可能真的越來越有氣質。

電視劇裡，當一個人感覺到愛情來臨，或開始小有名氣，會說：「平靜的生活要被打亂了。」

人在沒有得到想要的東西時，心裡很平穩，生活很穩定。一旦得到，反而開始不滿足，認為自己應該得到更多，而且能輕易得到一整套的東西。這種錦上添花的現象稱為「狄德羅效應」，有時候它是一種感覺，有時候它是事實。法國著名哲學家德尼・狄德羅（Denis Diderot），得到朋友送他的一件精美睡袍。他非常開心，但是家裡的舊式家具、地板與睡袍不搭配，於是趕緊全都換成新的。狄德羅效應就是由此而來。

這看起來很奇妙，好像是一個連鎖反應，其實是必然結果。因為每個人心裡都存有美好的嚮往，也一直在向成功的方向努力。而這嚮往和成功並不是孤注一擲，是包括了生活的方方面面。生活有時給人們很大的壓力，讓人喘不過氣，但我們潛意識裡無畏地承擔。或者說，人們雖然表面平穩，或者焦慮、憂鬱，但說話做事，仍是朝著積極陽光的方向。幽默、愛學習、謙虛、待人友善、樂於助人、愛護環境等平日自發的、不起眼的行為和習慣，都遲早會回報我們以成功的喜悅。這是一個緩慢累積的過程，也許最後沒有回報，我們就可以像狄德羅一樣如數自我回報。只要堅持，日積月累的努力說不定在哪一天開始顯出成效，集中在一段時間內回報給自己。自動的狄德羅效應就像儲蓄型保險，生效期到來之前，一直是在付出金錢和等待；時間一到，被保人就開始享受分紅。

有的人沒有自動的狄德羅效應，可能是因為平日言談舉止的方向偏離了心中夢想，或者努力不夠。那麼可以學狄德羅一樣，自己回報自己，讓平淡壓抑的生活增添色彩，但要量力而行。也不能刻意期待錦上添花的回饋，這樣可能會大失所望，或者即使得到回報，也不覺得愉悅和興奮。

每個人都心存善念，有意無意地、短淺或長遠地做著有利於自己的事情。矛盾的是，人們同時也心存惡念，只要被始作俑者勾起，同時不用承擔很小的責任或難以被追究到，就可能會暴露出來。例如有人喜歡落井下石、想破罐子破摔等，就是心裡的惡念在作怪。

心理學的研究上有個現象叫「破窗效應」，就是說，一扇窗戶被打破，如果不及時裝上，會發現其他窗戶也莫名其妙被打破；如果一面牆出現塗鴉，很快整面牆都會塗滿各種圖案；越是髒的垃圾堆旁邊越會聚集更多垃圾。

史丹佛大學心理學家菲利普・金巴多（Philip Zimbardo）做過一個汽車實驗。把兩輛相同的汽車放在不同的地方，第一輛放在整潔的帕洛阿爾托街區的一個社區，第二輛放在髒亂的布朗克斯街區。取走第二輛車的車牌，第一輛沒有做任何處理。結果，第一輛車一連幾天都無人問津，第二輛在第二天就被人偷走了。金巴多在第一輛車的窗戶上敲了一個洞，然後走開，沒過幾個小時，它也被偷了。

一輛完整的車沒有任何漏洞，很難引起人們想偷的欲望。因為偷竊者會考慮到偷竊失敗的後果，如果其安全係數過高，或人們的監控力度比較大，很容易失手。但是當它有了某一漏洞，就給了別人這樣的暗示：「車窗打破了也沒關係嘛，看來秩序並不像我想像的那樣完美，偷走了可能不會被發現。」

骯髒和混亂互生，缺陷和罪惡互生。破罐子破摔，因為反正都破了，再摔碎點也沒什麼。

如果能逆向利用，破窗效應帶來的不全是壞影響。它也可以發揮積極作用。二十世紀八〇年代，紐約市的環境和治安都很差，尤其是地鐵裡的車廂，地面更髒，經常發生打架事件。政府做出一項決策，堅持每天打掃車廂衛生，按秩序查車票。當時人們不以為然，「船都要沉了，洗甲板有什麼用？」然而，情況發生了根本性的改變。人們乘坐地鐵時，開始按順序排隊，禮貌互讓。最後，整個紐約地鐵都煥然一新，環境和治安問題都得到了解決。

家庭和社會給了一個人善惡的認知，同時給人巨大的壓力。人承擔著壓力嚮往著善，同時懷揣著惡。善言善舉最終有回報，惡念惡行在善念善舉中被改變。

恐怖片越恐怖，有人越愛看

日本恐怖片《七夜怪談》以其驚悚的情節獲得了極佳票房。看過這部片子的人一定都記得那個長髮女子，對她的畫面，有人至今記憶猶新。

我們已經知道，人天生就有恐懼心理，因為未知的事物隱含著對生命的危險。恐怖的事物於人是有害的。恐懼是一種企圖擺脫、逃避某種情景而又無能為力的情緒。按照人類趨利避害的本性，應遠離恐怖片才對，可為什麼有的人偏偏愛看，並在毛骨悚然和倒吸涼氣中大呼過癮？因為恐懼的同時也有快樂。

恐懼和快樂可以並存。恐懼的本質是興奮，是瀕死的生理反應和心理感受。心理學大師佛洛伊德提出了生本能和死本能的概念。生本能是人的自衛本能和性本能。死本能是說，每個人都有傾向於毀滅與侵略的衝動。恐怖片喚醒人的死本能。人人渴望生存，同時也必須面對死亡。面對死亡的同時又害怕死亡。一旦這種對死亡的恐懼結束，人就有極大的快感。人們看恐怖片，就是想通過生理和心理的刺激經歷，在影片結束時享受如釋重負的快感。尋求刺激，是人類本性的極端表現。

看恐怖片的欲望來自觀眾的潛意識。這個潛意識可能是死本能，也可能是釋放壓力和悲傷的欲望。人活著就有壓力，現代社會給每個人更多更重的生存壓力。有人童年是悲傷的，看恐怖片就是在尋找悲傷的童年和某種潛意識，並發洩壓力帶來的負面情緒。調查顯示，喜歡看恐怖片的觀眾大多是二十一歲以下的青少年，而且以女性居多。從生理上來說，看恐怖片心驚肉跳的過程可以轉化掉身體多餘的荷爾蒙。

仔細觀察恐怖片中的場景和道具，會發現整個人類共同的恐怖因素。首先是黑暗。人天生怕黑，沒有火種之前，人飽受凍餒之苦，又得時刻提防野獸侵襲。黑暗中，人無法掌控自己的各種感覺，會有生存和死亡的憂慮。孤獨的人，會逐漸質疑自己生存的意義。巨大的雜訊使人們不安和焦慮。極端的環境如火山、冰川、沙漠等，也會增加人的恐懼。其他如嘔吐物、血液、煙盒、畸形人體、蛇等，也都是恐怖片的道具。

只要滿足這些要素，不一定非要通過看恐怖片尋找刺激。鬼屋就比恐怖片更逼真、更恐怖、更刺激。高空彈跳、賽車等極限運動也有很好的效果。凡此種種，不過是冒險的方式。心理學家把這類行為稱作「追求震撼」。

喜歡追求震撼的人，往往體內多巴胺過多。多巴胺是腦內分泌的神經傳導物質，可以傳遞興奮，也與上癮有關。神經學家認為，多巴胺的量越大，流動越快，人就越有尋求刺激的欲望。極限運動員比常人更需要多巴胺流動。他們一般更能承受生理、社會或錢財方面的風險。因為他們深知，風險將伴隨刺激而來。生物學家傑伊•弗蘭認為，人類是在利益的驅動下冒險，因為越是肯冒險，人就有可能變得越強大。這就回歸到人的本性——趨利避害。雖然看恐怖片是一種害，但對某些人來講，帶來的利更具誘惑，更使人舒服。

第九章

強迫心理

人人都有強迫症的「潛力」

你上班時是否會用電腦和手機上通訊軟體？是不是一到有Wi-Fi的地方就想打聽密碼，以便上網，儘管自己可能用不到？兩個人面對面坐著，也沒有什麼阻礙，為什麼偏要用手機短信交流？

這些是虛假強迫症。因交流方式與當面對話相比，資訊是經過處理的，帶有各種面具，導致交流的不真實，所以稱為虛假強迫症。也可以分別稱為手機強迫症、Wi-Fi強迫症等。絕大部分人在一開始只是依賴，當有一天發現自己想暫時擺脫但又不由自主使用它們，就是輕度強迫症。

有口水強迫症的人也不在少數。和別人談話時，口腔內自然分泌出口水，你會不會出於禮貌咽下，但覺得對方在看著自己的喉嚨，於是雖想控制卻分泌更多？這是因為你太在意自己的形象了。

走地磚路面時，為什麼非要一步一塊地走過去？站在陽臺，心裡告訴自己：「我還年輕，不能就此結束生命」，一隻腳卻不聽話地邁了出去，要不是家人及時發現，就真的被那個「魔鬼的自己」給殺死了。這些是典型的行為強迫症。

希特勒一生沒有開過汽車。在公共場合，他規定自己坐的車子絕對不能超過時速三十七公里。但是一到夜間，他卻要司機以一百公里的時速玩「奪命狂奔」。這是人格分裂。

說強迫症無處不在可能有點危言聳聽，但說強迫心理無處不在，絕不過分。強迫心理人人都有，說的是腦子裡反復而持久存在的意念、思想、印象或衝動想法。如果被強迫心理困擾，為之緊張、煩惱、焦慮，就是輕微的強迫症。強迫症是一種神經性精神疾病，症狀是一組強迫意念和強迫行為。這些想法和行為往往毫無意義，甚至違背個人意願，但是在頭腦和日常生活中反復出現。患者自己萌生這些想法和衝動，但又極力抵抗，自相矛盾，始終無法控制。最終，強迫與反強迫的鬥爭使患者極為焦慮和痛苦，生活起居和人際交往都受到影響。

人格分裂是強迫症的一種可能後果。希特勒的行為就是在放逐分裂人格中的一面，以求解脫。他為重度強迫症患者提供了一條暫時解決之道，也就是在公共場合不表現出各種怪異的衝動，在私人場合肆意放縱。但要注意，這種衝動不能像跳樓或希特勒那樣危及自身安全。若要澈底治療，應尋求醫生的幫助。此外，強迫症極有可能導致憂鬱症。

強迫症的表現常常是忘記有沒有鎖門、懷疑是否關好瓦斯並反復檢查、有愚蠢骯髒的想法、反復洗澡與洗手等。它與健忘症、潔癖和妄想症有密切關係。它們既是強迫症的表現或結果，也是強迫症的誘因。然而，強迫症的病因相當複雜，目前還沒有一個確定的結論。個人經歷、個性、遺傳及神經—內分泌，都有可能導致強迫症。

許多研究表明，多數患者首次發病時，都遭受過一些不良生活事件，如人際關係緊張、婚姻受到威脅、學習工作受挫等。上面提到的險些跳陽臺的那位，小時候就曾從陽臺上摔下來，父母格外心疼，尋醫看診，夜半安慰，給了他前所未有的關愛。傷好之後，因父母又忙於工作，一段溫暖的時光再也沒有了。可能是他對父母關愛的渴望隱藏在潛意識裡，或變成一種本能，所以見到陽臺就想跳。這是強迫症與早期經歷的關係，與個性也有聯繫。有強迫症的人，個性中或多或少存在追求完美、嚴格要求自己和他人的傾向。他們過分謹慎、責任感強烈、事事都想做到最好，這屬於強迫型人格。然而在他們身上，必然常發生不良生活事件，常常事與願違。他們又缺乏彈性，不懂變通，於是內心不安、矛盾、焦慮，最後只能透過強迫性的症狀表達出來。

世界衛生組織曾對全球疾病進行調查，發現二十種疾病對十五～四十四歲中青年人造成的負擔最重，而強迫症正是其中之一。統計顯示，近年來強迫症的發病率正在不斷提升。多數人只有當症狀相當嚴重才會就診，此時的治療難度將會相當高。鑒於以上兩點，我們應當重視強迫症，早發現、早治療。

治療強迫症最有效的方法是認知行為療法，包括思想阻斷法和暴露及不反應法。思維阻斷法就是當強迫思想反復出現，利用鬧鐘鈴聲或局部身體刺激等外部手段轉移注意力，阻斷強迫思想。暴露及不反應法是鼓勵進入引起強迫思想的各種情境，逐漸使其消除強迫行為。

怎麼選擇都不一定滿意

時下商品花樣繁多，但我們常常會逛了一圈商場後空手而回。想買手機，卻不知道手機系統是Android好，還是ＩＯＳ好，也不知道買哪個品牌。想買跑步鞋，Nike和愛迪達的鞋子都很漂亮，也都是名牌。想買手錶，機械錶看著很酷，但是錶頭大；電子錶很精美，但是略顯呆板。

例子不勝枚舉，也不限於衣服手錶，有的人連買個菜都要花兩個小時。這是選擇性強迫症。顧名思義，這種病的表現就是不知道怎樣選擇，但又非要有一個選擇。選擇性強迫症在購物時體現得最明顯，但絕不限於購物方面，事實上，在生活中的每個方面都存在選擇障礙。大多數人都有這種障礙，當它對生活造成困擾，就是一種病。

長期有選擇障礙的人，可能有一天出門會忽然發現，不知道先邁左腿還是右腿。終於邁出一步，但覺得不對勁，又回來再試。此時就有選擇性強迫症。這種病症的危害不會停留在這麼小的影響上。「既然難以選擇，乾脆就不選擇」，這是有選擇性強迫症的人常用的解決辦法。時間久了，他們會對日常中許多事物都沒有興趣，最終變成憂鬱症。當然那是比較嚴重的後果，輕一點的就是對性格的影響。一個最初處事果斷的人，由於得了此病，並逐漸加重，就會變得優柔寡斷，做任何決定都要徵求別人的意見。

選擇性強迫症的成因有內在的，更有外在的。內在原因是，完美主義的性格加上廣泛的興趣愛好，其興趣廣泛的程度幾乎包含所有領域。即使在一個領域，也喜歡研究不同方面。興趣極為廣泛的人，渴望學習現有的每一門學科；渴望了解一種產品的每一個廠家、每一道工序、每一個配件。他之所以有如此廣泛又強烈的想法，就是因為其完美主義。或者說，完美是擴大研究範圍的目的。以買手機為例，他要買一款心儀的手機，必須去了解，甚至深入研究對比幾種手機ＵＩ的優劣、螢幕的亮麗程度和抗摔性、相機功能、電池續航力等。這就至少涉及材料化學、程式設計兩方面。但是，他又沒有足夠的精力和強大的毅力去完成這些研究，最後只能每天天馬行空地想像，或者苦惱於怎樣選擇，不得已還是草草選擇還算滿意的一款，但是買來沒有幾天，又會後悔。這裡所說的是一種極端情況，但是人確實因為心中想要達到完美而陷入無從選擇的窘境。

選擇性強迫症的外在原因就是選擇太多。從飲食方面來看，平均來說，古代的百姓幾乎是隔三岔五餓肚子。一有戰爭，不只是吃不飽，而是吃不到。所以只要有吃的，他們就會「飢不擇食」。到現代，大部分的城市和村鎮都有很多食材，菜色花樣繁多，所以有很多人一到吃飯時間就煩惱：「到底要吃什麼呀？」然而，對一般人來說，在一種全新的東西面前並不存在選擇困難，因為人天生有好奇心，最多只有購買困難。從這一角度來看，有些地方新奇恐怖的吃法，就是選擇性強迫症的表現。

一般治療選擇性強迫症的方法是排解苦惱。例如運動療法，透過使身體勞累，從而釋放做不出選擇的消極情緒。音樂療法也是如此。但是，心病還需心藥醫，既然痛苦的根源是難以選擇，只有做出一個選擇才能消除這種痛苦。可能有人會說，已經難以選擇了，怎麼還要他選擇。當然可以！人在任何時候都可以選擇，這個權利誰也剝奪不了。不選擇本身也是一種選擇。之所以難以選擇是因為選擇的標準跑偏了。也就是說，我們有時太注重選擇本身，而忘記選擇的目的。選擇的目的就是占有和使用。例如買白菜，只要新鮮乾淨，就算有一百種選擇，任選其一即可，不必再去深究這一百種白菜是不是產自白菜盛產地，是不是用有機肥。或者，在買東西之前，先在心裡確定具體買哪個款式的，到了市場第一家有此商品的店，看到合適就買下。再或者，聽店員的建議，直接買下。這些都比糾結於買哪一個強。

從最根本來說，無論怎麼選擇，都不一定滿意。我們知道，事物都有兩面性。做選擇時，只能選擇一面或偏重一面，因為在一定條件下，只有那一面對我們有利。但是，這是暫時的，並不絕對，換到另一條件下，「利」可能變成「害」。例如需要一把水果刀，購買時有大小兩種選擇，大的不但可以切蘋果，還可以切西瓜，於是高興買回家。這種選擇標準在當時完全正確。你可能為自己的明智而越用越高興。但是如果有一天，用完刀之後沒有收好，孩子不小心把它從茶几上碰下來，剛好劃傷了腳。此時你會在懊悔中發現，大刀的危險性高。所以，買完東西回來誇耀買得好的人，說的都是片面之詞。

不利的一面可能永遠不會展現出來，但它是客觀存在的，事實上遲早會暴露出來——人之所以有負面情緒，不都是因為事後發覺做了錯誤的選擇而後悔嗎？但從廣義上來說，人只能後悔，因為就算當時能看到兩面，也只能選擇一面。狹義的後悔應該是因為當時看得不全面，那麼事後分析清楚，下次遇到同類事件改正即可。這樣不管廣義還是狹義，後悔情結根本不應該存在。我們應該大膽、自然地做出選擇，而不是被選擇本身所脅迫。

對某些人來說，喜新厭舊是一件好事

對事物喜新厭舊也可以是一件值得慶幸的事，否則我們可能會積累無數舊東西，最後被它們擠得喘不過氣來。

一位金華的老闆，可以說是牛仔褲收藏家。他獨自買了一套房，專門放了十幾個衣櫃，櫃子裡裝的全是牛仔褲。有的牛仔褲都有二十年歷史了。當被問及是不是真的喜歡收藏牛仔褲，他說不是，那些都是他和家人的褲子，其實也不穿，只是找不到扔掉它們的理由。

金華老闆財力雄厚，外人不能非議，但不是人人都可以這樣。對普通人而言，當東西堆積如山，給自己帶來困擾並妨礙別人生活，就要高度注意了。

小李最討厭搬家，因為他的家當出奇的多，光刷牙用的杯子就有五個。這是他三年下來的「成果」，一件也捨不得放棄。但與他合租的朋友有意見。因為小李自己的房間已經擺不下他的日常用品，現在半條走廊都充斥著盆盆罐罐。

以上兩個例子說的都是囤積強迫症。此症的表現就是捨不得扔掉他們大量囤積但用不著的東西，並影響自己或他人生活。他們會想方設法記住為什麼當初要保留這些沒用的東西，直到自己出入困難決定丟棄幾件時，還要花很長時間搜尋與它們有關的記憶。他們有強烈的占有欲，即使破了五個洞的襪子也捨不得丟。囤積強迫症的表現被看成邋遢，然而兩者沒有必然的關係。前述提到的金華老闆就喜歡整潔，邋遢只是無奈的表現。

心理學家認為，囤積強迫症不是一個壞習慣，是一種生理兼神經系統的疾病。對此症患者而言，談不上糾正，只能是治療。他們也知道自己有囤積物品的毛病，也知道這妨礙了正常生活，但他們也很無奈，只好藉口沒有時間，拒絕改正。他們處理一般人眼中的垃圾時，要花費大量時間來回憶它們，最後決定要不要扔掉。從時間上來看，決定扔掉比囤積著更干擾他們的生活。

目前還沒有特效藥可以治療囤積強迫症。此病雖然難治，但是排除它帶來的困擾相對簡單。那就是幫助他們處理掉囤積的東西。不過要注意，他們貌似對這些陳舊物品有特殊的感情，所以丟棄時會有焦慮情緒。能安撫最好，若不能安撫，可嘗試引導他們自己做出決定。

不美就覺得有罪

如果不能理性對待，所有事都可以發展成行為強迫症。愛美就是一個典型的例子，與之相應的是美麗強迫症。不過，它的病態特徵並不那麼明顯，還不至於困擾到人們的生活。有的人因為覺得自己太醜而不願出門，越來越孤僻。英國一位很漂亮的女性因為覺得鏡子裡的自己太醜而自殺了。可見，愛美也可能惡化成恐懼症。

過分愛美的人像著魔一樣，我們可以緩和地稱它為愛美癮。俗話說：「愛美之心，人皆有之。」愛美癮正好體現了大眾對美麗的熱烈追求。

有愛美癮的人會極其關注自己的形象。他們常常過分化妝，不化妝不出門；一天換好幾套衣服，鏡子成了好朋友；天天量體重，增加半公斤就驚慌不已；打美容針，美體整容。這些也許是相貌出眾者的表現。對於相貌平平者，他們除了有上述表現，還會有嚴重的自卑心理。他們更愛鏡子，但不是對著鏡子讚嘆自己的美貌，而是傷感自己的不美麗；他們更喜歡穿漂亮衣服，正是為了襯托自己；他們更愛化妝，以掩飾自己的缺陷。凡此種種，都是強迫心理。不計代價使自己變得美麗，殊不知已經遠離真實的自己。

大眾對美麗的追求再怎麼熾熱也是業餘。有一部分專業人士更注重打扮，精心化妝，甚至去做隆鼻等整容手術，例如美容店的工作人員、藝人、白領族等，這是工作需要。至於他們有沒有愛美癮，我們不必知曉。他們也生活在大眾之中，正是他們的風采或氣場，使大眾本來就蠢蠢欲動的愛美風潮悄然興起。

除此之外，還有催化大眾愛美風潮的更大因素——社會審美。在現代社會，姣好的外貌是一種明顯的主流優勢。人們普遍認為，好相貌、好身材與好工作、好物品緊密相關。事實也是如此。同等知識和能力條件下，面試官大多會選擇相貌美麗或帥氣的人。這種社會審美對大眾（當然也包括審美者自己）產生極大影響。它可能扭曲大眾審美觀，使人們認為美貌不但是一種主流優勢，更是一種絕對優勢，把好外貌等同於好工作、好生活。

除了社會審美，個人的早期經歷也可能導致愛美癖。

十七歲半的高中生婷婷有嚴重的暴飲暴食症，她會大口大口吃東西，吃完就吐出來，有時還會吐血。她這不是生理原因引起的，而是心理問題。原來她極其愛美，會嚴格控制身材和體重。婷婷從小就愛乾淨，人也長得漂亮。周圍人見到都會誇讚她，她的爸媽引以為榮，她在學校也受到關注。可是後來有一個比她更漂亮的女孩轉學過來，眾人的目光一下子轉移到那個女孩身上。為了「爭寵」，她開始節食，但長時間下來，食物對她的誘惑越來越強烈。終於有一天，好像死灰復燃一般，她大快朵頤。但是多吃會發胖，她想到了一種看似非常有效的辦法，就是把吃下去的食物再摳出來，或者用其他各種辦法催吐。漸漸地，這形成了習慣，終於演變成暴飲暴食症。

婷婷的情況，說是美麗強迫症也好，飲食強迫症也可以，都因為別人誇讚了她美麗的外表，使她形成了「唯美是從」的審美觀。透過她的例子可以看出，太過愛美，除了強迫心理，也會給身體帶來某種摧殘。

然而前面說過，這種美麗風潮無可厚非，大眾早已愛美成風，原因在哪呢？就在於「愛美之心，人皆有之」這句俗話。愛美是人類的天性。所謂美麗，就是形態上給人舒服的視覺感受。第一眼看上去就很舒服的人才是美人。所謂醜陋，是對視覺產生不舒服的刺激。而舒服與不舒服可以稱之為利和害。正是人類趨利避害的天性，使無論美麗或醜陋的人都自然而然地愛美。真正無可厚非的是這種天性。

現在也有「第二眼美女」或「第二眼帥哥」的說法，這是對美的擴大。如果這樣無限擴大，把心理感受也加進來，那初始醜的最後也是美的。這種審美才是理性的。放眼四周，還是相貌一般的人多。很多時候，我們會把不美當成美，可以說，這是對美的全面認識。如果放縱愛美的天性，唯「美」是從，不但會傷害大多數人的自尊，也會侵害自己的健康心理。

木桶理論可以很好地反駁「不美就有罪」的想法。一個人好比一個木桶，相貌這一塊木板再長，也不能因它而裝更多的水；如果有一塊短板，一個人整體的容量就會從那裡流失。一張出眾的臉蛋如果搭配粗俗的言行，也很難讓人產生長久的好感。人類經由教養，學會注重內涵。在絕大多數人眼中，內在美可以昇華外表美，而外表美不能彌補內在醜。所以，與其忍痛或冒險改變自己的外貌，不如不斷提升自己的內在修養，例如學習音樂、多讀幾本書等。

穿衣化妝、美體整容是人們在釋放愛美的天性。在愛美儼然已成時尚的今天，似乎不能貶低它，不能憤怒地稱其為愛慕虛榮。但是，任何事情一旦過分，即使不會妨礙別人，也會困擾自己。整容有風險，化妝有隱患，名牌的衣服昂貴，在承受這些弊處或代價的情況下，仍然要追求美麗，就是過分。一個人滿足自己愛美之心的同時，可能已經不堪其累了。

還有一點，如果美麗需要天天用化妝品和漂亮衣服來維持，那麼不要也罷。貌似整容可以「改頭換面」，一勞永逸，但是一個人的過去和天生的東西是永遠不能從內心抹去的。人人都不用真實的面貌相對，活在虛假的心理影像之中，又有什麼意義？真實更是人們崇高的精神追求。真正的美也只能產生於真實。美麗可以虛構，但不能永恆，騙不了自己，也瞞不了別人。

一塵不染了，還是要洗

強迫症更像是一種現代病，但事實上，古已有之。

明代畫家倪雲林有嚴重潔癖。他的文房四寶由專人保管，要求必須時刻保持一塵不染。院子裡有幾株梧桐樹，他要求僕人每天擦拭。一天，朋友留宿他家。晚上，他擔心朋友不愛乾淨，弄髒了什麼地方，就一遍遍「視察」。因在夜裡聽到朋友咳嗽了一聲，第二天，他就下令僕人務必找到朋友咳出的痰。僕人應付地找來一片髒葉子，他看了一眼，當即又緊閉雙目，命令丟到三里外的地方。

潔癖是強迫症的一種。一個無傷大雅的癖好背後，是一個人的強迫心理。當強迫心理嚴重到困擾自己、妨礙別人，就成了強迫症。嚴重潔癖一定會影響正常生活，正像倪雲林那樣。潔癖表現歸結到一點，就是過於注重清潔。具體表現是：反復洗手、夏天一天洗幾次澡、不洗澡就難以入睡、害怕抓頭掉頭皮屑、見到不乾淨的行為就驚慌不已等。

潔癖的來源就是愛乾淨的心理。愛乾淨的心理成因不只一個，而完美主義是最大來源。完美主義也許是好的，但過分的完美主義不可取。過分追求完美者的性格固執、呆板，往往苛求理想條件，無法忍受模稜兩可。一旦不完美，他們就會出現緊張不安、暴怒等激動情緒。他們過分追求完美，自然也不會放過清洗的過程，貌似無論怎麼清洗，也無法達到他們想要的清潔程度。更重要的是，他們是在透過清洗這個動作來緩解自己對周圍事情的緊張不安。因為不可能實現絕對完美的理想，他們內心充滿困惑，認為周圍的人和事都不對，好像都需要清洗，只有這樣才能「糾正」它們。

個人經歷也會使人患上潔癖。嚴格的教育方式會給敏感的孩子（大部分小孩是敏感的）帶來暗示，使他們認定一切事物就應該井井有條，一切事情都必須十全十美，從此種下強迫心理的種子。

其他看似無關的痛苦經歷，例如親人去世、車禍、父母離異、破產等，也可能導致潔癖式的強迫症。這是一種代償行為，或是自卑心理的反映。當某種心理欲望得不到滿足，人們可能透過其他方法獲得。除了上述經歷，一個人長期精神緊張、正常需求得不到滿足、沒有時間享受生活、感受不到幸福等，也可能會透過反復清洗來得到滿足。

潔癖是一種心理障礙，前面已經反復提到，心理會影響生理。除了心靈受到困擾，還有可能使免疫力下降。免疫能力存在的前提是病原體，而病原體多為細菌性的。人本來就是與細菌共同生活，體內腸道菌群也是致病菌和益生菌的平衡，反復清潔和消毒，帶走大部分細菌的同時，也會使身體的免疫機制缺少存在的意義。

潔癖症患者幾乎沒有朋友，要有也是同樣有潔癖的人。他們可以在一起交流「心得」。就像倪雲林那樣，有潔癖的人不會容忍朋友一點「骯髒」行為。最後，朋友只有遠離有潔癖的人。因為正常人都知道，絕對乾淨是達不到的。與其不時受到指責，不如敬而遠之。所謂「人至察則無徒」，就是這個道理。

第十章

完美至上

愛情潔癖

潔癖不光是針對自己的身體和外界事物，也可以針對愛情。愛情潔癖的一個表現是處女情結。狹義的處女情結大多指男人對自己的配偶不是處女而心存芥蒂，並且或含蓄或明顯地體現在夫妻共同生活中。有時候，女人也有這樣的想法。無論男女，這是一種近乎本能的內在情感。也正是這個原因，古代才會有那麼多貞節牌坊吧。

廣義上的愛情潔癖，不但要求對方沒有任何戀愛經歷，更要求對方全身心投入愛情。此類人多為女性，她們追求純粹無瑕的愛情，不會寬容對方一丁點過錯，一有過錯，就會追究到底。不誇張地說，在她們心底，犯錯等於分手。一方有愛情潔癖，雙方都是愛情的犧牲品。

有這樣一則故事：某女性坐飛機到留學的丈夫身邊團聚，卻發現他在帶孩子。經證實，孩子是另外一名國內女留學生的。但該女性還是懷疑兩人有曖昧關係，為此要求丈夫回國。丈夫不答應，兩人大吵了一架。幾天後發現，此女私下虐待孩子。這是中度愛情潔癖的表現。

愛情潔癖的表現大致可以分為三個層次。輕度愛情潔癖的人，常常無端傷感、憂鬱，因為他總是希望另一半能完全了解自己，按照自己的意願行事，但這無法實現。相愛容易相處難，不是每段戀情都能通往婚姻。所以按照愛情潔癖者的眼光看來，人人都有「愛情汙點」。中度愛情潔癖的人，會在日常生活中忍受對方的過錯，但心裡壓抑，只要對方一和異性有看似過分的接觸，就會大發脾氣。重度愛情潔癖的人，會不斷臆想對方的陳年舊事，一旦發生什麼事，就與之對比，並耿耿於懷，想分手又無法割捨。他的愛情少了甜美和喜悅，更多的是掙扎。

看了前面幾節就很容易理解，愛情潔癖即是極端的愛情完美主義，也是一個人自私的表現。有愛情潔癖的人很難遇到真愛。即使對方對他不離不棄，也是長期忍耐。因為在愛情中沒有一個人可以無限期地只付出，卻不求回報。

愛情當然要專一，不能濫情；要互相忠貞，拒絕背叛。但這是一個人的自覺行為，不是強迫對方的結果。愛情本身也追求完美，但這種完美是雙方溝通後共同締造的，不是一方把自己的完美主義強加給另一方。也許這種完美永遠無法到達，但愛情依舊存在。《聖經》中說，愛是恆久忍耐，又有恩慈。如果有愛情潔癖的人能明白這點，站在對方角度看待愛情，懂得替對方著想、包容對方，就可以不醫而癒了。

完美主義者用拖延對抗焦慮

我們都知道拖延不好，它會使人錯過很多重要的東西。例如老闆見員工勤快，還經常加班，想給他加薪，卻發現他是因為拖延做不完工作才加班，於是放棄加薪。看到朋友或孩子拖拖拉拉時，有些人會說他們「懶惰」。其實，真正的懶惰是根本就不做，而不是拖到最後才做。很多拖延行為都出自完美主義者。

我們會發現，愛拖延的人就算遭受慘重損失，還是會拖延。造成長期拖延的原因可能是心理或生理失調，是一種病態。這種病態行為的本質是焦慮。拖延是對抗焦慮的一種辦法。

任何人做一件事情時都會焦慮，只不過有輕重之別。人們對事情有或大或小的焦慮是因為對它有某種期待。因為未發生的事情都存在變數，人們就會擔心內心的期待能否實現。期待越高，焦慮越強烈。之所以無法消除焦慮，是因為無法消除期待。期待是做各種事情的根本需要，如果沒有期待，人的行為就會盲目。沒有方向的人類，不會進步到今天。

缺乏自信的人和自信心十足的人都可能會有拖延行為，因為都會有期待。

缺乏自信的人更容易焦慮，這是非常自然的。考試時，不知道怎麼解一道題，就會焦慮不已。完成任何一件事情都有步驟和技巧，也就是需要一定的能力。如果沒有能力，事情擺在眼前時，就是焦慮開始的時候。所以缺乏自信的人，是在懷疑自己的能力，或者懷疑自己是否具備足夠的能力。他的每一個動作都會比較慢，這是為了確保在自己的能力範圍內，不會與預期結果有太大差距。但總體來看，他的方向沒有錯，所有動作總體是有效的，只不過效率低下。

自信心十足的人則是另一種情況。他們相信自己有足夠的能力完成一件事，可以在短期高壓的狀態下工作。對他們來說，這也是一種刺激。所以在缺乏自信者已經笨鳥先飛的同時，他們會輕鬆地休息或娛樂。當笨鳥飛到最後一站，「快鳥」才開始行動，希冀一氣呵成。但是前面說過，未發生的事都存在變數，「快鳥」們會發現，快速工作的同時，問題也一個個呈現出來。由於時間的限制，「快鳥」們此時的焦慮會比笨鳥強好幾倍。前面提過，拖延是在對抗焦慮。雖然他們告訴自己要有條不紊，不要慌張，但越是這樣，自己越不聽使喚。對拖延的負罪感還會加劇其焦慮情緒，使得拖延更甚，最後可能無法完成任務。可以看出，這近似龜兔賽跑。

緩解這種焦慮是治療拖延症的不二法門。當然，因為任務本身存在，期待也必然存在，所以沒有澈底消除焦慮的辦法，只能把它降低到心理可以控制的範圍內。縱觀上述內容，可以找到兩條途徑：一是使自己具備足夠的能力；二是使自己的預期更準確。具備能力的辦法就是學習和訓練，在此不必贅言。當具備完成一件事情的能力，上述自信者的方法自然是不可取的。事實上，那不是真正的自信，真正的自信是足夠理性地了解自己的能力和事情進行過程中可能遇到的難題。只有這樣，人才會腳踏實地，一步步進行。那麼，就只剩下如何使自己的預期更加準確的問題了。

文章開頭說，完美主義者往往愛拖延。完美主義者當然可以是上面兩種人，而且完美主義者相信：多給我一點時間，我能做得更好。其實這背後存在不恰當的期待和焦慮。拖延者更像是空想家，他們當然看到了事情進行過程中的未知變數，正如他們高估了自己可以到達的結果一樣，他們也高估了困難。他們害怕看到自己實際的工作結果與想像的不匹配，害怕各種虛幻的「理想自我」在現實中走向破滅。其實只要準備充分，實際行動起來時，這些想像中的困難就不會出現。至於看不到的變數，在短時間內也幾乎不會出現。即使出現，也是容易戰勝的那種。所以，我們可以把對一個事件的最終預期，化成幾個短期過程的預期。這樣會明顯提高可控制性，從而緩解焦慮。

完美主義者或者愛拖延的人應該要相信，只要具備行動力並調整到合理的心理預期，那些自己設立的屏障，在逐步完成任務的過程中，要麼不會出現，要麼容易翻越。就算萬一仍失敗了，也同樣可以在跌倒的地方重新爬起來，只要坦然面對即可。

強者在於承認自己的不足

要強心是單方面的完美主義，完美主義是全方位的要強。

人人都要強，只不過要強程度有高有低。無論是外表、工作能力，還是人際關係，人都希望自己達到較高的狀態。要強分為對自己要強和在別人面前逞強。對自己要強的人，設定一個目標後，有一種竭盡全力完成的勇氣和耐力。處處要求強於別人，也不是積極的行為動機。人既要承認自身能力，也要承認不如人的地方。

尺有所短，寸有所長，沒有一個人可以面面俱到，處處強於他人。事實上，我們在日常生活中，發現自己常常有些方面不如別人。但我們會承認嗎？如果承認，是心悅誠服的嗎？

一位廚藝高超的父親和他的女兒經過一家餃子館，透過櫥窗看到包餃子的廚師手藝精湛，就和電視上一樣既神速又漂亮。父女兩人都讚不絕口。女兒對父親說道：「爸爸，這個廚師在包餃子方面比你還好。」父親愣了一下，隨即說道：「是的，我不如他。」

父親沒有強求自己非得強於他人，這是豁達的人生態度。重要的是，他還言傳身教，在孩子面前展現這種態度，這需要極大的勇氣。這個孩子長大後，將能坦然面對自己的弱勢，不盲目和他人攀比。

承認自己的不足能免於承擔不必要的責任。敬謝不敏比打腫臉充胖子強。只有認識到自己有些地方還不如人，才會開始穩紮穩打，逐步提升。否則就會整天忙於打腫臉充胖子，遲早焦頭爛額，暴露無遺。

也不要苛求完美。完美只是一種理想境界，絕對的完美永遠無法到達，只能接近。美國總統富蘭克林・羅斯福對民眾坦然說道，如果他的決策能夠達到七十五％的正確率，那就達到了他預期的最高標準。

承認自己不足的人不是妄自菲薄。人本來就很渺小。一個人也許在家庭中、公司裡、大眾當中很強大，有足夠的影響力和號召力。但是，第一，前進的方向沒有盡頭；第二，與身邊的人比較，他可能仍有不如人的地方。我們還是要追求強大、追求完美，但是要在承認不足的基礎上。超越別人後，當然可以開懷大笑，但不是因為虛榮心得到滿足，而是為自己具備了某一領域的知識或能力而喜悅。

第十一章

變態心理

每一個人都有自戀心理

自戀一詞的英文是Narcissus，中文音譯為納西斯，它既是一個古希臘神的名字，也是水仙花的意思。這源於一個有趣的古希臘神話：

納西斯是一個相貌超群的美少年。有一天在水邊散步，看到水中自己的倒影，認為這個美少年極其漂亮，就愛上了他。納西斯伸手去抱，可是一觸及水面，美少年頓時不見了。納西斯只能看著水中的美少年，每天茶飯不思，最終憔悴而死。他到死也沒有明白，水中的美少年就是自己。眾神惜其美麗，於是把他變成了水仙花。

自戀是健康心理的重要元素，是人的基本心理需要。自戀的定義是由於自信或自卑而自我陶醉的行為習慣。讀者可能想不通，為什麼自卑也會導致自戀。就像「過度謙虛就是驕傲」的道理，這種對立統一同樣適用於此。

這裡所謂的自戀，是指自戀型人格障礙或自戀症，是令人反感的過度自戀。如果任由自戀症發展，常常會導致更嚴重的病態，例如人格分裂和憂鬱症。

要了解自戀症的成因，先要了解自戀的機制。精神分析大師弗洛伊德曾指出，自戀型人格障礙的狀態，是向自我投入「性衝動」（libido）而導致的興奮狀態，是個體生存、尋求快樂和逃避痛苦的本能欲望，是投注給外界客體的。本該投入外界的性衝動反投到自己身上，自我主體就得到過分誇大。其實，自戀者的主客體是混亂的。他已陷入不切實際的幻想中，好像自己在和另一個自己談戀愛，從中滿足自我的虛榮。

後來，芝加哥大學教授科胡特指出，自戀的本質就是性衝動。或者更直接說，自戀就是人類的一般本質，是一種自我勝任、獲得喜悅的過程。具體情況是：大腦對外界形成一種期待形態，在此形態下做出決定，付諸實踐。實踐的結果再回饋給大腦，大腦將結果資訊與之前的期待形態對比，如果匹配成功，人就會獲得自我勝任或自我價值的喜悅；如果不能成功匹配，大腦會反復修正上述決定、實踐、對比，直到成功。如果修正始終無效，就是自戀失敗，大腦會暴怒或焦慮，過於強大的暴怒或焦慮會使大腦放棄這種期待，產生消極防禦——憂鬱。如果把性衝動投入自我主體，自我幻想，就是自戀症。

其實，自戀型人格障礙在一歲半到三歲的嬰兒期最易形成。嬰兒一得不到滿足，例如餓了吃不到奶，就會放聲大哭。從這一點可以看出，嬰兒的心理世界中，他是全能的，這種全能性必須得到滿足，滿足則獲得快樂；如果得不到滿足，就會暴怒，也就是號啕大哭。然而，養育者（多指母親）有可能會無法滿足他（例如出門買菜、離異等情況）。如此一來，嬰兒便不能與內部期待成功匹配，對外界失望，並放棄這一期待，以自體幻想來替代補償自戀的需要。若這種幻想型自戀超出常人所能接受的範圍，就是自戀症。

那麼，為什麼嬰兒或兒童的全能性無法得到滿足？可能是因為父母長期分離、關係不和、態度粗暴、溺愛孩子等。自戀者往往有以上經歷，他們覺得，只有自己愛自己才是安全的，愛自己是理所應當的。自戀症患者的自戀是從童年到今天的長期行為和習慣，而普通人暫時、短期的自戀都是正常的。

有自戀症的人表現多種多樣：認為自己是全能的、特殊的，應享有他人沒有的特權，並喜歡指使別人；過分誇大自己的成就和才能；沉湎於成功、權力、美麗或理想愛情的幻想中；態度傲慢、冷淡，缺乏同情心，嫉妒心重，自私；難以和他人有同感，好獨處，難以發展親密關係；渴望讚美，易暴怒和失落。

可以用一句話來形容有自戀症的人：以自我為中心，自我誇大。他們的自戀已經屬於非理性，無法控制，只能被它驅使，「千方百計」尋求他人的讚美，卻永遠得不到，因而內心永遠無法寧靜。一般來說，治療自戀症的方法有兩種：一是羅列別人反感自己、批評自己的地方，從而解除自我中心觀；二是關心他人。前一種難以實現，因為自戀者的自我省察能力比較低，除非有人對他醍醐灌頂。當自戀變成一種壞習慣，最好的辦法是用一個好習慣來替換它。所以關心他人是切實可行的，而且會有事半功倍的效果。在關心他人的過程中，他人的回報，例如感謝、誇獎，是自戀的真正實現，與幻想相比，高下立判，自戀者內心會自動做出選擇。

性偏好症是一種心理疾病

戀物癖絕大多數時候是指男性變態地收集異性貼身物品，如內衣、襪子、毛巾等，其方式往往是搶劫和偷竊。

有這樣一則案例，南京市幾位女孩發現自己的內衣經常不翼而飛。於是和她們的男友經過幾天蹲點，終於現場抓獲偷衣賊，而行竊者竟是一名高中生。

統計發現，一些人在青少年時期就有這個毛病。究其原因，青少年得不到良好的性啟蒙和教育，又沾染色情物品，對性產生了極大興趣。他們無法通過正常管道排解，就可能會有如此變態行為。長期得不到糾正，成年後就會形成戀物癖。他們成功偷竊或搶劫後，往往會伴隨此物有手淫行為。

日常生活中，他們很少有攻擊性或暴力行為。他們不是害怕性生活，就是能力低下。必須指出，戀物癖是一種心理疾病。我們不能一味責怪他們，反而要提防自己也患上。從廣義上來說，人人皆有戀物癖，例如獨愛某一種物品，不過這都是正常。

有一種性偏好症，會對對方造成身體傷害，可有時是對方反而變態地樂意受到折磨，這就是性虐待症。

為引起衝動或帶來快感，有性虐待的人在性交前或過程中總是需要施加或受到變態的身體或精神折磨，而且多致傷殘甚至致命。

之所以施加「懲罰」，是因為雙方或一方對性的錯誤認識，對它有深深的罪惡感。只有先給予或受到懲罰，才能談得上得到滿足。他們可能受到封建思想的消極影響，並伴有對女性極端的偏見甚至仇視，在夫妻生活中往往是害羞被動的。研究表明，他們還經常瀏覽色情網站，接觸或使用色情物品。

綜合來看，性變態都是在尋求異常性快感的手段。從經歷上來說，都有性方面的心理陰影，都或多或少地接觸色情資訊或物品。此症難以自治，需要接受專業的治療，需要朋友或大眾的說明，也要有力地進行社會監管。

性是美好的，性心理學無疑是心理學的重要部分。在佛洛伊德看來，性甚至是生活最基本的動力。但是，這種美好的基礎力量，在有些人那裡，成了鏡中花水中月，得不到又渴望，才會產生各種心理疾病。每個人在性方面多少都有羞澀感，他們內心肯定也不願意惹人討厭，只是心理疾病促使他們這樣。從這一角度說，他們是需要接受治療的病人。

偷竊的動機不一定是錢財

偷竊的欲望源於人類的嫉妒心。如果沒有辦法得到自己沒有的東西，覬覦久了，有的人會萌生邪念，例如偷竊。所以偷東西的第一動機就是獲得財物，補充自己的實際短缺。然而，有些人的偷竊行為不是出於獲得財物。

生活中有一種小偷，他們偷的東西不名貴，自己也不一定用得上。那麼他們偷竊的動機是什麼？要滿足什麼？

二〇〇二年十月，某大學發生了一起奇怪的偷竊案。說它奇怪，是因為新生女宿舍在兩個月內出現了二十次被盜事件，但所丟物品都是牛奶、水果、零錢一類，價值從來沒有超過一百元。經調查，警方最終把嫌疑鎖定在一位姓羅的女生身上。校方收到這一結果時大為震驚，因為無論學習還是品行，該生的表現都十分優異。起初，該生堅決否認，在老師的開導下，她終於承認了。當被問及為什麼要偷竊，她的回答再次驚呆了所有人。她說，偷這些東西不是因為生活窘迫，而是為了報復周圍的人。

其中隱情是這樣的：

羅某的母親個子矮小，五官長得不協調。儘管她母親勤勞能幹，待人友善，但她們母女還是被人輕視和譏笑。這些都看在了年幼的羅某眼裡，所以她特別希望透過自己的努力，使別人尊重她的母親，看得起自己。上國中後，她就發憤讀書，名列前茅。但是，她總是獨來獨往，同學們認為她性格孤僻，無法和睦相處。

我們肯定會同情這個女孩的處境。此時的她已經陷入自卑、絕望之中。處於極端壓抑中的人，大多數都會有極端行為。最常見的就是把自卑和絕望轉化成恨，進而報復。據女孩自己供認，她是在藉此發洩內心的自卑和絕望。

接著再來看看一般意義上的偷竊行為。一般的偷竊動機，一種是生活所迫，一種是對某一名貴物品的強烈渴望。而小偷從初犯變成慣犯的關鍵在於第一次是否成功。一旦第一次得手，便可能促使他再犯案，甚至變成職業扒手，擴大社會危害。

當偷竊變成一種病態心理，要預防與治療並重。老師和家長應幫助提高學生的道德意識、完善其人格；社會應加強道德規範；遇到偷竊行為時，一定要想辦法制止，因為他很可能是初犯，不能讓罪惡壯大。對於心理障礙性偷竊，當然要及時尋求治療方法，在責備或懲罰之後，也應嘗試原諒。從前述例子可以看出，大眾的偏見對一個孩子的惡性心理具有生成和催化作用。從這一點來說，我們的心理也需要改造，不能戴著有色眼鏡看人，要學會向孤獨的人表達友善。

「兒童控」有可能是「兒童虐待癖」

兒童的天真無邪，可能是成年人永遠無法企及的夢。當你發現成人的世界如此複雜，你會發現和兒童交往是那麼快樂，所以有的成人才會酷愛可愛的孩子。在日本，會稱可愛的小女孩、小男孩為「蘿莉」和「正太」，酷愛這些孩子的人就成了「蘿莉控」和「正太控」。在日本，「控」字指的是對某種事物有狂熱喜好的人。殊不知，標榜對小女孩或小男孩「控」的時候，極易變成「戀童癖」。

曾經有過以下的報導：某男性猥褻兒童。我們常用「喪心病狂」來形容此舉。那麼從心理學的角度分析，這些人得了什麼病呢？戀童癖。戀童癖也是一種性變態行為。戀童癖者多以十~十五歲的孩子為愛慕對象，透過性侵的方式來獲得自身性滿足。男女成年人都有患上此病的可能，但男性居多，且多為中年男性。

之所以提醒「蘿莉控」謹防變成戀童狂，是因為過度喜愛兒童就是戀童癖的一個誘因。兒童不僅天真可愛，而且不設防，但成人的思想有骯髒的一面。對於一個自我控制力低下的人，一旦大腦閃過邪惡的念頭，就會成魔。從這一角度來說，「蘿莉控」多少有些社會倫理隱患，社會和家長都應重視。

戀童癖的第二誘因，就是男人對所謂「女神」「御姐」等極具誘惑力女性欲望的轉移。這可能更適用於男性犯罪。這類女性面龐姣好，身材妖嬈，成熟性感，事業成功，成為男人愛慕的對象很正常。我們可以把「女神」「御姐」所指的範圍擴大到強於男性的女性。有戀童癖的人多是如此，由於在女性面前的自卑感和恐懼心理，他淡化了成人間的情感、性生活等方面。而小女孩基本上沒有防範力，就成了他們犯罪的目標。

第三個原因，也是最重要的一個，那就是性格懦弱的人對困難生活的逃避。這種人往往自身能力差，一旦遇到挫折，首先想到的不是勇敢面對，努力提升自己，而是逃避。他們想，孩提無憂無慮的時代多好啊。再加上現代人交往時涉及人情、功利，更突顯了兒童的天真無邪。為了滿足自己的變態心理，他們選擇向兒童下手。

以上三種原因並不是單獨作用，可能一位戀童癖者身上同時具備三個條件。

戀童癖者的畸形心理除了會對孩童造成性侵，還可能造成身體傷害，所以有必要預防，但不能因此成為驚弓之鳥，見到成人抱孩子就上前制止。其實戀童有兩個層次，只要自己可以控制不成邪癖，那麼與孩子偶爾有親密接觸，對成人和孩子都是好的。如果達到病態這一層，就需要心理治療。

在父母這一人群中（多為母親），還存在另一種怪舉。它是另一種虐待，稱為虐童症。

暴虐幼女案：李某想要一個兒子，結果生了個女兒。失望之下，將其交給別人收養。收養者後來有了自己的孩子，遂送回。李某很生氣，加之女兒調皮邋遢，又迷信自己生肖和女兒相沖，常以木棍打、開水燙嘴等方式虐待女兒。二〇〇六年六月五日，李某再度抽打女兒，致使其全身軟組織損傷。二〇〇七年十一月七日，李某被判虐待兒童罪。李某犯罪動機很明顯，生男不成和迷信生肖不和，就在孩子身上洩憤。

孟喬森症候群虐待案：

芝加哥一位護士愛麗絲，與丈夫育有一個可愛女兒。後來丈夫提出離婚。禍不單行，女兒又突然生病。愛麗絲幾乎每天都往返於家和醫院，然而女兒的病好像治不好似的。一天，院方發現，女孩有被其他人靜脈注射的痕跡。經查，果然非院方所為，遂報警。調查結果竟然是愛麗絲有意讓自己女兒挨餓，或喂其不乾淨食物，或靜脈注射汙染物。總之，她故意讓女兒生病。證據面前，愛麗絲交代了虐待女兒的原因。第一，離婚後，女兒是精神支柱，想得到撫養權；第二，不想丟掉護士的工作。與其說愛麗絲是出於愛孩子的心，做出傷孩子的事，不如說她是重壓之下，心理扭曲，反復透過致病及治病的過程來證明自己愛孩子，得到他人的讚揚。

總的來說，不管外人還是父母本人，都有可能傷害孩子。我們可能更多是聽說此類新聞，很少親眼見到。如果家長以為這些事件離自己很遠，那就錯了。實際上，孩子也會為了得到父母的愛而傷害自己。在現代社會，生活節奏加快，父母因為工作忙而忽視孩子的行為，也是輕度虐待。嚴重的話，會導致孩子的病態心理，例如自殘以求關心，或陷入憂鬱。

成年了，卻依然戀父、戀母

家人是靠山，父母是港灣。對父母的愛既是孝的本質，也是天然的依賴。如果成年之後，這種依賴仍不滅，甚至變成男女之愛，就會帶來家庭危機。

一般來說，女兒容易戀父，兒子容易戀母。現在，很多女性有「大叔控」。「大叔控」說的是女人喜歡比自己年齡大很多的成熟男人，並願意把他當作自己的伴侶。中國男女婚戀觀報告指出，十八～二十五歲的女性有七〇%是「大叔控」。也有極少數女性，揚言要跟父親過一輩子。

這在心理學上被稱為戀父情結。戀父情結是女兒無法與父親在心理上分離。因心理上無法分離，就需要身體上的接近。有的女兒已經成年了，還要求與父親同床睡覺。當然這是嚴重情況。一般女孩會把父親的形象投射到現實中某個男人身上，這就成了「大叔控」。

戀父情結源於嬰幼兒時期。一般認為，女人比男人柔弱，容易對身邊的人產生強烈的依賴，社會對女人的要求比男人低，因此父親常常將女兒視為掌上明珠，百依百順，犯了錯也很少責罰。父親對女兒嬰幼時期的愛一旦變成溺愛，有時自己也意識不到，會使女兒在成年後仍過度依戀父親。

其實正常程度內的戀父或戀母對孩子的心理健康成長具有積極作用。但當戀父或戀母情結有違倫理，並影響到父母的感情和自己的生活，就成了病態。

「媽媽，我長大了要娶妳。」當媽媽聽到兒子這樣的話，多半會心花怒放。這裡面也隱藏著戀母情結的危機。戀母情結說的是，男人喜歡結交比自己大的女人，覺得這樣才有安全感。從日常表現來看，戀母的男人做事都缺乏主見和獨立性，對女性有恐懼之心。

心理學家指出，戀父或戀母情結的本質是相似選擇和互補選擇。以男孩為例，與父親同性，在行為方式上選擇和父親相似。母親為異性，這是互補選擇。

戀父或戀母是最基本的人際關係，也是最早發生的人際關係。成年人的各種人際關係都受它影響，或者說都是它的變形。三～六歲的小孩子會出現戀母情結。但進入青春期後，孩子們會找到替代父母的人，產生友情和愛情。

單獨說男人的戀母情結，它的形成還可能是因為父愛和母愛不均衡。

一方面，父親因忙於事業，沒有足夠的時間照顧家庭，疏忽了對兒子的關愛和教育，兒子只好依賴母親。過度依賴，就形成了成年戀母癖。

另一方面，男性往往需要承擔更多社會責任，從小就被教育必須堅強。男人的一生要承受很多壓力，經常內心焦慮。但是男人不會輕易對人訴說。如果一定要找個人訴說，這個人往往是母親。因為父親可能會疏於和兒子溝通，也可能是出於「堅強教育」，有意不和兒子溝通。這樣，母親就成了一個很好的港灣。

有戀父或戀母情結，可能只是補償心理在起作用。如果一個人小時候缺乏父母一方的愛，會渴望從另一方得到補償。

獨生子女對父母的過度依戀，也可能是出於對社會的恐懼。獨生子女備受父母疼愛，含在嘴裡怕化了，捧在手上怕摔了。而且，他們會被放在一個比較封閉的空間長大，造成孩子的朋友只有爸爸媽媽。缺乏人際交往的獨生子女，會越來越自我。當他開始踏入社會，會比其他孩子更容易遭受挫折，經常去父母那裡釋放壓力，於是更加依賴父母。

兒女長大後，就應走出避風港，發掘自身的優點，向社會表達自己，尋找適合自己的愛情。

第十二章

從眾心理

從眾使人感覺安全

兔子在樹林裡聽到一聲「咕咚」，被嚇了一跳，就開始邊跑邊叫：「不好了，咕咚來了。」結果樹林裡所有動物都跟著兔子跑了起來。當問及什麼是咕咚，兔子也不知道是什麼。原來只是木瓜掉進水裡的聲音。

其他動物都在隨波逐流。隨波逐流的行為背後是從眾心理。從眾心理是人類的一個思維定式，是一個人因受到群體誘惑和壓力，而在認知、判斷、信念與行為等方面與群體中多數人保持一致的現象。雖然有時從眾行為不是按照個體意願做出的，但全是個體的自願行為。

從眾的最大動機是獲得安全感。當一個人內心沒有安全感，或者有挫折感，一個群體對他來說就是巨大的誘惑。試想，夜間獨自走夜路時是不是多少有點害怕？但如果有一個人陪著，你就會覺得舒服、安全很多。當遇到挫折，是不是想有個伴在身邊？他根本不用說什麼，只要陪伴就夠了。快樂的人會忘記危險，沒有恐懼。內心安全的人一般也不至於聚眾而共同實施行為。只有感覺不安和受挫的人才有這樣的欲望，其目的就是尋求安全感和發洩挫折感。心理素質低下、性格內向、自卑的人往往沒有安全感，容易有挫折感，更容易從眾。

當身邊的群體人數足夠多，或聲勢足夠大，無論個體有沒有安全感、挫折感，他都會面臨巨大的壓力。一個人的做法與眾不同時，群體中一個人開始指責他，眾人可能會紛紛指責。此時，儘管他可能深思熟慮，認定自己做得沒錯，還是會改變想法，承認自己錯了。反過來說，如果這個人最後頂住排山倒海般的壓力，那他將獲得來自內心的安全感。

一個人走在大街上，看到一大群人集中搶購什麼東西，他可能也會參與。因為他會有意或無意地想，如果不去，可能會錯過什麼對我有利的東西。當他想：「我不去，是不是顯得我太特立獨行了？」群體就會對他產生另一種壓力。

基於以上原因，人總是會加入某一群體，並實施同樣行為。社會中孤獨的個人為了更好地生存，自然而然會形成一種依賴群體的心理。這種心理會促生一種被稱為群集欲的願望，不利於一個人獨立思考和明辨是非。此時的心理就顯得不健康了。

為什麼人在群體中更容易被說服？因為個人在群體中往往會體驗到更大的不安感，情緒極容易波動。此時一旦有人向這樣的群體提出某種指示，他們最容易接受。當這個挑事的人挑起來的是好事，群體就可以展現出強大的生命力和創造力。

去個性化

有一種人，他們平日內向、凡事拘謹，一旦參加集體活動，表現卻會使人眼睛為之一亮。

小張性格內向，幾乎從來不在人前講話，更不要說唱歌。但是，一到演唱會現場，小張就變得極為活躍，就像換了一個人。他會和觀眾們一起跟著明星的節奏放聲高歌。小張也不愛踢球，但看足球比賽時，他也特別興奮，手舞足蹈，吶喊助威。

在群體中的個體，不但會有新奇的表現，也會有令人吃驚的舉動。

一九五二年，費斯廷格、佩皮通和紐康姆進行了一個實驗。他們將一批男大學生分成兩組。A組成員之間可以互相辨識，他們在明亮的教室裡，身貼姓名簽；B組頭戴面罩，互相不知道姓名，房間燈光昏暗。兩組共同的任務是數落、批評自己的父母。結果表明，B組成員對自己的父母毫不客氣，肆意數落自己的父母，充分表現其對自己父母的厭惡與不滿。實驗結束後，問所有被試者願不願意再次議論自己父母的不是，結果B組比A組更願意。

以上兩例，都體現了去個性化的作用。去個性化就是使一個人看起來不顯眼。去個性化的一個方法是融入群體。

同樣是去個性化，同樣都是一反常態，為什麼有時是積極表現，有時是負面表現？只要能探究出去個性化給個體心理帶來的影響，就可以得到答案。

心理學上的去個性化是指埋沒於團體中的個人，個人意識會極度淡化。個人意識淡化後，他就會做自己喜歡又不好意思做的事，因為周圍不會有人認出自己。不好意思做一件事，有可能是忌憚於人際關係，比方說會不會打擾別人，會不會令人討厭。

去個性化最早是由法國社會學家古斯塔夫・勒龐（Gustave Le Bon）提出的。他指出，在某些情況下，融合於群體之中的個體會喪失個性，甚至喪失自控力，做出反規範的舉動。也就是說，有些行為不敢單獨表現出來，是因為社會準則對個體的約束，或者說是個體的行為準則。為此，他會一直抑制自己非常規的甚至暴力的想法。在群體之中的「爆發」，實際上是一種壓力釋放。所以，從社會角度來說，稱去個性化為

「去抑制化」更為合適。

那麼，為什麼進入群體會導致去個性化？只要在群體中，就一定會去個性化嗎？「匿名性」和責任模糊是去個性化的兩個條件。

去個性化是一個人自我意識下降、自我評價和自我控制能力降低的狀態。此時他的行為會豪放甚至粗野。要降低一個人的自我意識，最好的辦法就是使他不可辨識，也就是匿名。回到前述的實驗，戴面罩的B組成員，不就是匿名了嗎？

去個性化對於個人大多時候是有益的，它可以緩解壓力、調節情緒，甚至可以改變性格。但透過前述例子，我們也發現，去個性化可能會對社會造成危害。生活中也存在此類現象：破壞公物、亂倒垃圾、足球流氓等。匿名的人認為別人看不到自己，即使看到也不知道自己是誰，所以自己是安全的。

在群體中，人的個人意識會變得薄弱，容易受人影響。他會安心融入團隊，不會注意周圍的人對自己的看法。有些害羞的人平時不敢大聲歌唱，但是去看演唱會時，在群情激昂的環境中也會放聲高歌。我們會不由自主服從大多數人的意志。當多數人站起來，我們也站起來；當多數人鼓掌，我們也隨之鼓掌。如果不跟著多數人的行為，就會顯得孤立。大家為了得到接納和讚賞，都希望與群體保持一致。

作為管理者，應該避免去個性化的負面作用，也就是要細化、明確化群體的責任，發揮其積極影響。以一個食品公司為例，一條生產線可能有幾十個人，如果人人都不把關衛生，最終產品就沒有品質可言，也無法追究某一個人的責任。但是，如果在每一個環節都設一個檢查者，就會在第一時間發現衛生問題，及時糾正。事實上，這是代替群體中的個人進行自我監督和約束。同時，為了明確這些檢查者的責任，可以給他們不同的工裝，並使眾人監督他們。這樣一來，穿上工裝就是擔起責任。

三人成虎

動亂的社會環境下，容易傳播流言。

戰國時代，宋國有一個村莊，村裡人喝水要到很遠的地方。有一天，一個人在自家園子裡挖了一口井，從此他就不用去老遠的地方打水了。他十分高興，逢人就說：「我在家裡挖了一口井，省了很多勞力，就像是家裡添了一個人一樣。」這個消息傳到君王耳朵裡就變成了：「聽說咱們國家有一個人從地裡挖出一個人來。」

傳言、流言、謠言，都不可信，也許有一個真實的原型，但一開始描述和轉述，就開始歪曲。原因是裡面夾雜著個人情緒，傳言者斷章取義，刪減加工，重新編排。人在接收資訊時，會有選擇地接收自己接受的和關注的。轉述時，也會著重渲染這一部分，並加上對自己有利的說辭或猜測。前述故事中，戰國時代和宋國，就是考慮到完整性才加上去的。可以說，所有主觀陳述都具有利己性，都不可全信，甚至輾轉次數過多，會全不可信。

曾子的故事可以說明，多次重複的謠言會變成事實。

曾子名叫曾參，是孔子的學生。他品學兼優，是一個孝子。一天，他告別母親去齊國辦事。齊國有一個和曾子同名同姓的人。曾子到齊國不久，這個人就因打架鬥毆被官府收押。曾子的一位師弟不明就裡，急忙跑去告訴曾子的母親說：「曾子在齊國殺死了一個人，被關起來了。」曾母說那不可能。過後，鄰居也過來這樣告訴她。曾母仍說不可能。不一會兒，又來了一個報信的人，他說：「曾子殺人了，您快躲一躲吧！」曾母開始動搖了，最後在懷疑中從後院逃跑了。

這個故事流傳下來一個成語——曾參殺人。另外還有一個類似的故事叫三人成虎，也是指因為說的人多，人們將謠言當作事實。之所以會三人成虎，是因為資訊累積會形成心理暗示。心理累積暗示有一定的力量，它可以改變一個人的信念。完成信念轉變的過程好像無影無形，其實是量變累積成質變。

人們被迫相信謠言，不只是因為多次重複。開頭說到，動亂的社會環境下，流言容易傳播。社會動亂，人心思定，若一直不能定，就需要時不時地有所安慰，或者把動亂的流離之苦轉移到其他地方。謠言就起到了這樣的作用。謠言就像第二次世界大戰中士兵賴以消遣的撲克牌，沒有它，可能無數人沒有死在戰場，卻死於無聊和艱苦。

第十三章

職場心理

是我們自己給週四下了魔咒

統計顯示，週四是事故多發日，平均事故發生率比其他四天高出二・〇三倍。在週四，有人犯了個小錯被老闆一頓臭罵，或者感到狀態不好無心工作。這一現象被稱為星期四效應，或週四魔咒。

美國作家兼哲學家杜利奧曾說：「沒有什麼比失去熱忱更讓人垂垂老矣。」心理學引用他的話，提出了杜利奧定律：當一個人精神狀態不佳，所有事都會處於不佳的狀態。

看來週四事故多，是因為人在週四這天精神狀態不好，並不是週四本身有什麼魔力或不吉利。之所以週四精神不佳，是因為心情沒有著落和焦慮。五天工作日中，只有週四這天處在一個「前不著村，後不著店」的位置。五天的心理規律是這樣的：週一調整狀態，週二進入佳境，週三開始緊張、焦慮，週四大大不安，週五是一週中的最後一個工作日。所以，人在週四這天，身心疲憊，渴望假期，但又覺得假期遙不可及，致使工作漫不經心，沒著沒落。

除了精神狀態，週四給出的心理暗示也是使它事故多發的一個原因。就像外國人不喜歡數字十三，中國人十分避諱數字四。

因為四和「死」諧音。週四本身沒有吉凶，而人會主觀賦予它不吉利的象徵。這其實是一種暗示。就算五天每天的精神狀態都很好，如果在週四這天出點差錯，也會比其他幾天記憶深刻，同時又加深了週四不吉利的印象。

經過心理和生理上兩天週末的休息，週一的適應變得比較困難。很多人會有頭暈、健忘、無法集中注意力等情況，也就是「星期一症候群」。週二的工作效率最高，很多人也喜歡在這天加班。如果過於自信，對後來三天的進展估計得過於理想，可能會拖延，給週四埋下隱患。週三是週四的前期，精神狀態開始下滑。週五時，也許還有許多前兩天留下的七零八落的尾巴，但是看到了週末的光明，會在疲憊中興奮起來。

那麼，如何讓自己安然度過週四？如何有效利用每一天？

首先，要讓自己忙碌起來。人只有在忙碌時，才會沒有時間來感受。可以在週四總結一週的工作內容，並做下週的計畫。其次，積極的自我暗示來克制週四的不吉利陰影和焦慮情緒。可以這樣反復告訴自己：「一直這樣下去肯定會出事，還是打起精神來，過好這一天吧。」最後，理性看待假期，勞逸結合。這樣就能消除星期一症候群。

職場上謹防過度攀比心理

同類事物相比較是我們認識世界、改造世界的重要方法。但如果太在意比較的結果，或只關注比較本身，可能會看輕自己，看錯別人。

所有概念都是相對的，尤其是數字概念。如果你今年的收入是三十萬元，會高興還是失落？不同的人有不同的回答，要看人的目標收入為多少。完成目標，自然應該高興；沒有達到目標，可能在大眾眼裡三十萬元是個不小的數目，但對本人而言，卻高興不起來。

職場中有一種現象是，老闆加薪之後，會有人提出辭職。原來老闆「偏心」，給每個人加薪的幅度各不相同。有人月薪加五百元，有人加一千元，加五百元的人自然無法理解為什麼「冷落」自己。如果心中的疑問得不到回答，就會胡亂猜測：是不是老闆對我有意見？有人背後打小報告？這樣的猜測是要不得的，如果傳到上司耳朵裡，不用自己提出辭職，他們也會解雇這樣的員工。事實上，差等幅度調薪是合理的激勵手段。教師們都知道因材施教，因為每個學生記憶力、理解力、興趣都各不相同。企業管理者當然也明白這一道理。就算在同一職位，做一模一樣的工作，不同工作業績的人存在薪資差異也不過分。說到底，人和人不可能完全一樣。

這樣空洞的道理，每個人可能都明白，但就是控制不住自己不平衡的心理。為什麼人們這麼喜歡攀比呢？開頭說到，對事物進行比較是我們認識世界、改造世界的一個重要方法。世界當然也包括自己。不認清自己、改造自己，就無法正確認識世界、改造世界。有兩個方向的比較，即縱向比和橫向比。縱向比是同一個體對時空線軸上不同點的狀態進行比較，橫向比是同一點上不同個體之間的比較。縱向比就是對自己的反思。只有清醒地反思自己才能進行橫向比。也就是俗話說的，知道自己幾斤幾兩就不會造次。如果比較之後，出現心理不平衡，認定是我們比錯了，就代表反思不夠。反思是一個人心理強大的開始。

比較越是豐富、深刻，我們越能認清自己和世界。

紀伯倫說：「當我為沒鞋穿而哭泣，卻發現有人沒有腳。」

有人越比越貪婪，有人越比越知足。生活中很多方面都存在比較。飲料一類的商品，大份與小份成本差別不大，但定價卻相差甚遠。大部分人會選擇中杯。這是咖啡店在利用人們自然的比較心理。設計大杯咖啡不是拿來賣，是為了襯托小杯的實惠和中杯的合理。人比較後，往往會選擇一個中庸的選項。講幸與不幸、損失與獲得時，也都是在比較。

比較心可以是自覺的，也可以是不自覺的。只要人們還在生活、在進步，就要進行縱向和橫向的對比。對比可能會使人產生心理壓力，進而引發消極心理，但再深入比較一步，就能撫平這些消極心理。

員工跳槽，有部分是管理者的原因

按照職場流行的說法，什麼工作都要熬，工作經驗非常重要，頻繁跳槽不明智。不能否認這句話的合理性，但是，如果一個企業管理者不能給員工營造良好的工作環境，可能員工最終不得不跳槽。

員工才是企業的生命。試想，用五年時間培養一位菁英人才，但是他在公司中感到十分壓抑，勢必要跳槽。此時，也不能怪他是白眼狼，是公司管理缺少人性化。

現在世界的中堅力量，依然是一九七〇年代出生的人，但是已經被八〇後接手大半。常常聽到企業管理者這樣感慨：遇到八〇後、九〇後出生的人，我十幾年的管理經驗都清零；現在八〇後的就業觀念與以前人有很大不同，跳槽頻繁。

社會對八〇後的印象是：自我。這麼說並不準確，深究起來，自我不是他們成長過程中自發的群體表現，而是時代驅使的結果。也就是說，自我不是八〇後的專屬，現代社會每一個人都有，古代社會的每一個人也有。社會管理人性化、企業管理人性化、產品設計人性化，都是為了照顧到人們的自我。當然，自我不能過分，它不是孤僻、自私、任性，而是合理地表達自己。相對於社會性而言，自我是一種根本需要。在過去的社會形態下，自我也只是被壓制，但從來沒有泯滅過。現代社會具有空前的自由度，深埋於內心的自我必然會十分搶眼地顯現出來。

如果要給「自我」下個定義，「要求體現自身價值」應該是最合適的。八〇後選擇職業的標準，就是能否體現自身價值。他們頻繁跳槽，可能是因為企業缺乏人性化管理，不能體現自身價值。從這個角度來說，八〇後頻頻跳槽，是因為他們表達了個人的意志。

但是，職場和社會一樣，複雜多變。步入社會時，八〇後的另一特性——理想化——可能會使他們屢屢受挫。八〇後多是獨生子女，備受家庭和社會關注，生長環境多是順境，很少是從摸爬滾打中過來，導致他們多少帶有一點理想主義。因此，在面對實際工作時必然會產生心理落差，如果不能自行調整適應環境，他們就會選擇跳槽。

那麼，什麼時候八〇後才會覺得自身價值得到體現？企業管理者應該怎樣做，才能使他們有歸屬感和幸福感？答案是：理解、認同和尊重。如果他們得到了理解、認同和尊重，就會認為自身價值得到體現，進而忠實於企業，同時受到極大的鼓舞，表現出空前的創造力和執行力。管理者具體的做法是：不對員工頤指氣使；禮貌對待，不以級別壓人；員工有建議，先表示感謝，如果建議好，還要表示讚賞；不差別對待員工；和員工談心。

第十四章

消費心理

為什麼人人都喜歡物美價廉的商品？

人們都希望買到物美價廉的商品，所以這種心理被商家利用得最普遍。

一個下午，一位婦人來到一家服飾店。店員在店裡打點，老闆則在後屋整理賬務。婦人轉了一圈，看到一件賣不出去的大衣，於是問道：「多少錢？」店員沒有聽見。婦人加大音量：「這件衣服多少錢？」店員這才聽到，抱歉地說：「對不起，我耳朵不太好，我也不清楚這件衣服的價錢，我幫妳問問老闆。」「老闆，那件大衣多少錢？」「五千。」「多少？」老闆大聲說：「五千！」婦人聽得很真切。正要說價錢太貴時，店員回頭來說：「老闆說三千塊。」聽到這話，婦人竊喜：「哈哈，他聽錯了！」她害怕現在老闆從裡屋出來，就急忙付錢並包好大衣走了。婦人一路高興，因為自己足足省了二千塊。

如果婦人知道「老闆」和「店員」是親兄弟，那件大衣已經半年無人問津，恐怕就不會那麼高興了。

有的不良商家故意以打折商品誘惑消費者，名為降價，實為抬價。「清倉拍賣，原價五千元，現在只賣三千二」，其實原價三千；將原價商品故意標為特價，同時顯眼地標示出，「特價商品概不退換」，使消費者相信這是最實惠的價格；在打折或特價區穿插擺放原價商品，顧客不會仔細看每一個標籤，就算結帳時發現，也因為好不容易排好隊，只好作罷，怪自己沒有看清楚；特價商品按照原價結帳，如果結帳前就發現，收銀員可能會以「工作人員貼錯價碼」「貨物擺放錯貨架」「你記錯了」為由敷衍。但顧客大多不會發現，因為太相信電腦了。

某先生到音響店買音響。「這一套要多少錢？」「您好，這是新上市的商品，音效絕佳，售價三千。」「那邊那一套呢？」「喔，那個是上個月剩餘庫存，現在賣二千八，不過後天開始降價，賣二千四。」「三千那套有優惠嗎？」「目前沒有，若您真想買，可以便宜一百。」「兩款有什麼差別？」「沒有差別，只不過一款是新上市，一款是上個月流行的。」這位先生反復考慮之後，決定後天來買二千四的那套，並交了四百元訂金。

這是在利用人們的購買心理。

實體店和自己同行競爭之餘，又多了個重量級對手——網路商店。電商之間的競爭更為激烈，鋪天蓋地的店慶促銷、節假日促銷、套餐贈送、現金回饋、團購等手段層出不窮，都是在利用消費者追求物美價廉的心理。有太多商家的優惠手段在等著當今的消費者。

追求物美價廉的心理本質是利己，用最少的付出得到最多的回報。其實，有些時候顧客要的不是便宜本身，而是享受優惠的感覺。懸殊的價格對比會使顧客享受優惠的感覺突顯出來。以前述的買音響為例，便宜四百肯定比便宜一百給顧客的心理誘惑大。這也是店家的手段。現在幾乎沒有完全不優惠的商品，當優惠成為普遍現象，消費者會關注優惠的比例。也就是說，給顧客一個心理比較，比單純降價更能刺激購買欲，因為顧客會覺得那樣享受到了大優惠。

物美價廉永遠是大多數顧客追求的目標。但很多人只追求廉價，而忽略了物美。這在愛逛即期品店和十元商店的顧客身上體現得更為明顯。有時候，他們不管那些東西自己需不需要，有沒有實用價值，都要買一、兩件回去。好像買到物美價廉的商品是一種能耐，可以在人前炫耀。如果能用較低的價格買到同樣的商品，確實是一種值得炫耀的本事。但是，商品是買來自己用的，必須考慮其實用性。有時還要計算時間成本，如果用一天的時間買了一件根本用不著的東西，肯定會懊悔不已。

顧客購物本身，有時不是在買東西，而是在買感覺。商品有固有價值和使用價值之分。固有價值是凝結在商品中的、無差別的人類勞動，包括體力勞動和腦力勞動。這一價值是商品自己的，也是普通消費者的。當商品交換到任何一個人手中，就變成了使用價值。使用價值屬於消費者個體，也就是滿足個人需要的程度。相同商品在不同人手中的需求程度並不相同。

除了以上兩個價值，還有心理價值。心理價值是消費者的主觀價值，會隨心境而變化。無價之寶對於不需要它的人可能一文不值。有的商品不用降價促銷，用廣告就可以抬高消費者對商品的心理價值。

當商家給自己的商品製造出物有所值和物超所值的感覺，消費者就會受到商家誘惑。在此基礎上，賣家還會給買家製造心理壓力，例如優惠有期限，促成衝動購買。

免費體驗可能是陷阱

也許有的人會不受免費嘗試廣告的誘惑，但總會有人心動。

免費體驗只是誘惑的開始。一旦人們進入體驗階段，體驗會產生更大的誘惑。產品體驗是指使用者對某一產品的印象、喜好以及相關心理反應。如果賣家的產品外觀好，消費者很容易得到滿足，就會激起購買的欲望。為什麼房屋仲介會不厭其煩地帶顧客去實地看房子，有時還跟顧客談談入住後可以怎麼佈置？為什麼汽車經銷商樂意讓顧客試車？都是為了增強顧客的體驗感受，促成買賣。

商家鼓勵免費嘗試，也利用了消費者的人情對等心理。一方藉由付出物質或非物質的成本來形成一筆人情債，讓對方產生負債心理，推動對方做出回報。這個邏輯就像欠債還錢一樣天經地義。所以，絕大多數的生意剛開張時，會宣稱免費一天，或送一些禮物。如果正式營業你不來，就覺得好像欠了商家一個人情。

以上兩點可能還不會促成衝動消費，但如果與害怕損失的心理聯繫起來，就容易促成人們衝動消費。

免費試用還給了消費者對商品的臨時使用權。以買衣服為例，店長會極力勸顧客說：「好不好看，合不合適，試穿看看就知道了。」當顧客一穿上，發現它既合身又漂亮，就會愛不釋手。這種擁有是短暫的，但是對消費者的心理衝擊很大——顧客會捨不得就這麼放走它。在接下來的議價中，雖然價錢高，顧客可能會用「衣服確實不錯，貴了點也值得」來說服自己，最終下狠心買下來。如果店長在我們猶豫不決時慫恿說：「這衣服的材料、做工都是一級棒，絕對值這個價。」顧客甚至可能認為「我的」這件衣服應該賣個更好的價錢。

賣家把短暫使用權拋給顧客是一個陷阱，而顧客全然意識不到，這很奇怪。更奇怪的是，消費者也會給自己挖這種陷阱。

有的商家還喊出「如果商品故障，兩個月內可以免費退換貨」的口號，這使顧客更加放心地買回家。但是，幾乎沒有買主會在免費退換期間退換。這又是為什麼？只要買回這樣的商品，就已經無形給自己設定了一個圈套。

買賣的實質是交換，買賣完成的條件就是一手交錢、一手交貨。賣家交給顧客的是長期的產品所有權和使用權。有「限期免費退換」標識的商品，在交換之後，還暗含著後續的補償性交換。也就是說，如果發現品質有問題，作為補償，買賣雙方可以再交換一次。這次交換，要求使用者先把產品的使用權和所有權交到賣家手中。但是我們對自己占有和使用很長時間的東西，會產生虛擬的永久所有權，特別不捨得轉到別人手中。這種虛擬的永久所有權，就是平常說的對某一事物的「感情」。客觀地說，人們對任何事物的占有和使用都是暫時的，最終都不是自己的。但是，人總是對「自己的」東西有過度的熱愛、迷戀、重視，對它的價值評估超過了其實際價值，捨不得再轉交到別人手中。

可見，追求物美價廉的心理是導火線。一旦人們被引誘到「免費體驗」的商品面前，就容易造成衝動消費。

購買欲從何而起？

理性的消費應該是，生活中產生對某一產品的需要，在心裡確定具體要求後，去賣場以合適的價格買回來。對產品的購買欲，應該來自於對它的需求。

可是，人們的消費有時會沒有理性。各種因素都會影響購買欲，例如廣告和品牌，人們會不自覺被它們吸引過去。這是心理暗示在起作用，這過程一般比較慢。還有一個最容易產生影響的因素，就是別人的購買行為，尤其是搶購現象。

見到別人在消費一種東西，自己也不由自主湊上去，其中原因不是簡單的從眾心理。在消費者這個大群體中，有一個潮流方向的問題。有沒有想過，「韓流」或「英倫風尚」是一群人同時掀起的，還是由一個人帶動的？答案是後者。眾人難以同時取得一致，只能是一個「始作俑者」，然後其他人開始一個個附庸過來，最後一群一群附庸過來。現在網路推銷都會用「某某明星同款」來吸引目光。可見，一個名人偶爾的穿著打扮，極有可能引來眾人效仿。

其實，這種現象在日常生活中時有發生。如果有一道題不會做，人們首先想到的是請教曾經遇過這道題的同學。出門吃飯，發現路邊的攤販都合自己口味，正發愁去哪一家時，看到其中有一家顧客特別多，人們就會很自然地走向人多的那一家。

心理學認為，能夠在某件事情、某個觀點或某種行為上影響他人的人，一定與他人在該事情、觀點、行為上站在同一個陣營。如果要影響他人的行為或思維，可以利用這一原理，先培養自己的一個「托兒」*，然後讓他進入你要影響的人的陣營，透

*註：托兒，指商業活動中，賣方僱傭的人員，在買方面前假做無關係的第三者，用言語、行動等方式誤導、引誘他人購買商品。

過「托兒」的帶動來改變別人。例如在台下帶頭吶喊、吆喝、鼓掌的人，極有可能是現場效果負責人安排的人。因為從花錢開始到演出結束，他都和我們一樣坐在觀眾席上，因此他的陣營就是觀眾。當他帶頭捧場，真正的觀眾也會受到他的影響，做出捧場的舉動。推銷中，這種方式稱為恰當地使用「證人」。這個人可能是真正的證人，並不是推銷員那個陣營的，但能起到帶頭作用。當人們不能準確對自己所持有的資訊作出判斷，或者心中充滿不確定因素，往往更容易受其影響。

一個人的行為受另一個人影響，叫作示範效應。消費的示範效應是這樣的：消費者對某些商品的需求，受其他消費者對這些商品的需求所影響。當一個人不知道怎樣做出選擇，其他人的選擇就會成為範例。不過這樣的效仿缺乏理智。因為這樣只考慮到追隨他人可能是最直接、正確的方法，但沒有想過別人的方法是否適合自己。

一個人的行為受一群人影響時，叫作沉錨效應。沉錨效應說的是，人們的思維就像一條船，做決策時，思維會被第一資訊左右，第一資訊就像沉入海底的錨，把思維固定在某處。例如買早餐時，見到一家包子鋪前面排了很長的隊，也會跟著去排隊，但是買來的包子可能並不是特別好吃。這可以說是從眾心理，但不全是。當一個人見到一家店的生意好，首先想到的是「顧客這麼多，東西一定很好」。這是在給自己一種暗示，也就是第一資訊。人們往往會在後來習慣性地選擇這一家店，而忽略自己的喜好。

總體來說，示範效應引領群體行為，沉錨效應固定群體行為，由二者任何一個導致的跟風行為都具有盲目性。所以，有些人看到別人的衣服漂亮，或是某款服裝是今年的流行款式，就會不管自己穿上好看不好看，也要千方百計買一套穿在自己身上。新產品做活動時，會有一名體驗顧客或「托兒」在旁邊講體驗結果並購買。絕大多數娛樂現場，總會有領掌的人。

行為要理智，要以物品是否滿足自我的需求來決定要不要行動或給出評價，不能只被別人帶動。不過，上述兩種效應似乎不能避免。說不定，當我們購買一件商品，就已經成了別人眼中的示範者，甚至可能引領某種潮流。

網購時更期待「福袋」

所有行為都是期待─行動─驗證的過程，消費也不例外。當下十分流行網購，不誇張地說，網路上可以買到生活中絕大部分用品。由於要依靠快遞，網購與實體店消費相比，拉長了期待的過程。有網購經驗的人都會密切關注自己的訂單，收到貨品時，也會在期待和欣喜之中打開包裝。這是對自己購買的產品本身的期待，屬於人之常情。現在有的賣家推出一種福袋活動。賣家在福袋中隨機放置商品，買家只有在收到包裹時才會知道其中裝有什麼商品。然而，奇怪的是，與已知的產品相比，很多人更期待未知的福袋。

福袋就像一份神祕的匿名禮物，對接受者來說，它和聖誕老人的禮物一樣，不可預知。現代通訊方式已經相當發達，很難想像十幾年前，人們是怎樣在煎熬與盼望中等待遠方的來信。電影《阿甘正傳》裡有一句經典臺詞：「生活就像一盒巧克力，你永遠不知道你會嘗到哪種口味。」人們本能地對外界未知的事物感到不安，但更多的是新奇和期待。因為期待產生行動，把行動結果與期待作對比便產生了失望和滿足的基本情感。所以說，期待是一個人強大的生活動力，也是很多情感的來源。

期待是一種思想活動，既促發未來事件，又歸結於未來的結果。它是對自我價值的評估，或者對外界事物本身的猜測，以及對自己有利程度的評估。事件的過程也就是驗證期待的過程。一般來說，人們心裡都期待一個好的結果。如果結果超出期待，就會出乎意料地驚喜。如果符合期待，就有好奇心得到滿足的喜悅。如果低於期待，就會失望。廣義上來說，對事件結果的不良預期也是期待，只不過是消極的期待。如果結果真如預期的一樣差，我們不會大失所望，反而有一種輕微的「果然不出所料」的成就感。

那麼，期待從何而來，是大腦想像的最終情形嗎？期待不是純感性的，它來自於經驗，符合事實規律，也有理性的參與，甚至大多時候都出於理性。感性多於理性的期待會使人們的心情出現大的悲喜波動，而這種悲喜不見得是必然的。例如福袋，人們需要的是產品本身，而不是那些可能用不著的東西。但事實證明，福袋內的商品大多是用不著的。有的人堆了很多沒用的小玩意，卻仍然樂此不疲，這就是在享受期待的過程。過程中，人們的期待就是感性多於理性，也就是衝動消費，結果是浪費錢。另一方面，因為無論是喜出望外還是若有所失，都是強烈而真實的心理體驗，很容易被大腦記住，可能會導致依賴甚至強迫心理。

改變說話的順序，可以改變一個人的期待。心理學有一個有趣的冷熱水效應。有一杯冷水、一杯熱水、一杯溫水。如果先把手放入冷水中，再放到溫水中，人會感到溫水很熱。如果先把手放到熱水中，再放到溫水中，會感到溫水很涼。生活中，先把失敗的可能性說在前面，如果事情失敗了，人們可能不會責怪負責人，因為心理已經有了準備，沒有特別高的期待了。如果賣家先告知買家福袋裡裝有什麼，估計買家就不會出這個錢。

可喜的是，人類的期待會越來越理性，越來越客觀。試想，原始人類第一次採集食物，由於沒有經驗，只以填飽肚子為準。他對採集量的期待就更為感性，很容易失望或特別高興。到了二十一世紀，人類積累了幾千年的生存經驗，正常情況下，都會結合自己的需要和客觀供給能力，來期待一種合理的結果。也許有人會問，理性期待就是絕對好的嗎？缺乏悲喜的感情是不是違背天性了？理性期待更有益於心理健康，也不會因之缺乏悲喜。前面說到，符合期待時，人會有一箭中的的喜悅。而未知的事物都有不可預知性，最終結果與期待結果總是會有差異。理性期待只是降低出現差異的幅度和頻率，感性期待則相反。

為什麼越沒有買到的東西越想買？

最近，李先生的車子總是出問題，於是他決定買一輛新車。李先生在當地頗有名氣，汽車銷售公司聽聞他想買汽車的消息之後，紛紛打電話來推銷自己的汽車，說自家汽車外觀、性能多麼多麼好，而李先生的車子已經破得不成樣子了，早就該換一台。這令李先生十分煩躁和反感。到了後來，不管推銷員怎麼誇耀他們的汽車，他就是不為所動。

本例中抬高自己、貶低別人的做法，已經造成客戶的逆反心理。

小楊剛到一家汽車公司。當別人都鎩羽而歸，他卻主動請纓。他上門看了一圈李先生的舊車子，說：「我看您這部車還不算太舊，再開一年沒有問題，如果現在就換，會有點不划算。不如一年以後再說。」臨走時，他把自己的名片留給了李先生。

此時，小楊是在化解或反利用李先生的逆反心理。過了兩天，李先生給他打電話，訂購了一輛新車。

我們都知道潘朵拉的魔盒，故事大致如下：

人類沒有火種，一直飽受寒冷和黑暗的苦難。普羅米修斯幫人類從奧林匹斯偷取了火種，給人類帶來了光明和溫暖，卻惹怒了主神宙斯。宙斯懲罰普羅米修斯之後，還要懲罰人類。他讓各神賦予一個少女所有的天賦和才能，並為她取名潘朵拉（潘朵拉的意思就是一切禮物）。他把潘朵拉許配給普羅米修斯的弟弟耶比米修斯，並給她一個密封的盒子，叮囑她無論如何都不能打開。他沒有告訴潘朵拉裡面裝滿了疾病和災難。來到人間的潘朵拉在很長一段時間內都謹遵宙斯的告誡，但是天長日久，她終於忍不住打開了那個盒子。從此，人間充滿了各種疾病和災難。

心理學上，潘朵拉效應說的是：小禁不為，愈禁愈為。越是不讓知道的東西，人們越想知道。越是得不到的東西，越覺得它好，越要想方設法得到。越不讓做的事，就越想做。

一個武林高手收了兩個徒弟，但他只讓其中一個學習武功，另一個學其他邊緣的東西。這個被「冷落」的徒弟，學習武功的願望反而被強化，就在暗地裡偷學。結果，三年之後，兩個徒弟偶然動手，正式教授的輸給了偷學的。

這些都是逆反心理在起作用。逆反心理通俗地說，就是「對著幹」。它是人們彼此之間為了維護自尊，面對對方的要求採取相反態度和言行的一種心理，是一體兩面的：越是約束，越想打破；反之，越是放縱，越想自我約束。約束和逼迫是一回事，推銷員給顧客造成「不買就會蒙受巨大損失的壓力」，顧客就會「就是不買，看看能有什麼損失」。同時，天花亂墜的說辭也讓人覺得虛假和反感。當客戶被放任不管，他可能反而會去關注你的產品。追求另一半也是如此，死纏爛打、百般討好，結果對方不理你；有一天不理不睬，對方可能反而會不適應。

每個人都有一些叛逆心理，都希望自己獨立自主，不喜歡別人橫加干涉。像是青少年有叛逆期，那就是逆反心理的明顯體現。人們面臨終身大事時，更會有逆反情緒。如果一對情侶遭到家人強行拆散，他們就會本能地抗拒，變得更深愛對方。

為什麼人會有逆反心理？

未知的事物對人更有誘惑力，或者說人更為好奇。越難得到的事物，在心裡的地位和價值就越高。當心理需要得不到滿足，反而會更加刺激他強烈的需要。逆反心理正是人屈從誘惑或好奇心得不到滿足的結果。

好奇心就是，對見到或聽到神秘的未知事物都想一探究竟。例如上司安排一個任務，同時說：「別問為什麼，只管照做。」你自然會想：「為什麼不能問？我偏要問會怎麼樣？」其實此時產生的是一探究竟的心理需要。這種需要經常被禁止或得不到滿足，於是就有了逆反心理。逆反心理的實質是自己滿足自己的心理需求。好奇是本性，逆反則具有強烈的情緒色彩。

再以電視劇為例，看看人們的心理需要是怎樣被阻斷和利用的。優秀的剪輯人員會在情節精彩的地方剪斷，讓觀眾的胃口被吊起來，並期待下一集。

心理需要經常得不到滿足，所以人總會有逆反心理。如果一個人長期或頻繁地有逆反心理，可能會形成一種狹隘的心理定式和偏激的行為習慣。他可能變得特別固執，處處和人對著幹，甚至不能客觀、準確地認識事物的本來面目。

人們做事情都會有自己最初的想法，不希望受到別人的限制。如果要改變他們的行為，就要先改變他們的想法，也就是消除其逆反心理。同時，如果自己產生了逆反心理，也要告誡自己，心理需求是必然的，而逆反則不必要。任何事情都有大眾化的規則，作為一個特殊的個體，應該自覺摒棄多餘的好奇心。有的人善於利用激將法，我們也不能被激中，做出非理智的選擇。有人用語言吊胃口，如果能不為所動，就可以反客為主。

物稀不一定貴

消費商品時，虛榮心也會影響人們。有一種與追求廉價相對的心理，現實中表現為：「不求最好，但求最貴」。很多時候，人們願意相信，價錢高有高的道理，高檔的銷售環境就應該銷售高價商品，更相信消費得起高價物品，是一個人經濟實力的證明。當自己的財力無法購買高價商品，就會在它和低價商品之間選一個折中的來平衡一下。當自己確實沒有能力購買高價商品，就會對高價商品本身、高價消費者產生羡慕之情。

凡此種種，無不透著兩個要點：一是商品高價，二是內心虛榮。高價大多是因為稀有。一般的看法是，物品稀有，所以珍貴。但實際上是，人心虛榮，才會使物以稀為貴，甚至有時，物不稀也以為貴。虛榮是在內心體驗尚未占有的事物或尚未發生的事情之後，產生的成就感和喜悅情緒。而真正的榮耀是建立在既成事實上的。事物本身罕見，不容易得到，容易失去，都可以說是稀有的。虛假體驗稀有事物的成就感和喜悅情緒，比常見事物來得更為強烈。所以人們會給稀有物品更高的評價，更希望占有它、體驗它。這就是物以稀為貴。有人曾設計一個實驗，讓大量參與者品嘗同樣的曲奇餅乾，其中一半參與者的餅乾罐子是裝滿的，另一半參與者的罐子只裝了兩片。統計結果顯示，後者對曲奇餅乾的評價更高，獲得的快樂感也更多。這個結果有力證明了物以稀為貴的道理。

高檔消費未必都是虛榮心在作怪。有一部分人就是有強大的購買力，而且是出於實際需要才自然買下，而不是心理需要。如果人人都根據實際需要來購物，商家就不會在高價商品上賺到大錢。只要不是很拮据，大部分人都有虛榮心下的高檔購買欲。高價策略也未必都是推銷高價商品，有時候只是為了突顯中檔品的「合理性」。以天價菜為例，人即使虛榮也不會去消費它，而旁邊的中檔菜肴雖然看起來價錢也不低，但相比更能接受，所以普遍有人來嘗試。一條內褲四萬元，排除冤大頭的可能，它永遠也不會賣出去，但是它仍有存在的必要。因為消費者的虛榮心不會泯滅，人們會因為它醒目的存在而記住這家店，進而購買其他相對合理價位的商品。最後，這家店既賺錢又賺知名度。

現在有一種概念銷售。它利用人們的虛榮心，賦予產品本身沒有的價值。例如房屋廣告，「盛世喧囂，獨享孤獨的尊貴」；汽車，「說走就走，做一個世界的旅行者」；香水，「有品才有味」；名錶，「準確地看見時間流走，才會分秒必爭地珍惜」。此時，相關廠商已經不再出售實際的商品，而是賣一種概念，把品位、地位、境界這種心靈層次的東西附加於商品，並兜售給消費者。之前沒有人給心靈的東西定過價，也無法定價，所以，商家可以定一個相對高一點的價位，消費者也願意接受。

人們買高價商品，有時也不全是用來炫耀，也有送禮用的。有些人特別愛面子，有時不喜歡，還是會沖著品牌或價位買下，以使自己顯得不那麼寒酸，也讓朋友心動，記住自己。其實朋友未必需要，要不然也不會有回收禮品的行當了。

隨著社會的進步、收入增加，人們的消費逐步由追求數量和品質過渡到追求品位和格調。現在的商品可以分為兩類，一類是非炫耀性商品，另一類是炫耀性商品。炫耀性商品不僅具有物質效用，還能帶來虛榮效用。但是購買那些能引起別人羡慕的商品時，還是要量力而行，不要買了以後，一邊痛哭沒錢，一邊又如願以償地微笑。

只有看重的東西，才貴重。如果可以保持一顆平常心，看透賣家的炒作和陷阱，就會減少很多衝動消費。尤其現在是市場經濟，價錢應該是商品本身的價值來決定，而不是商家決定的。

「看走眼」背後的心理

二〇〇七年一月某天的早晨，小提琴家約夏・貝爾在華盛頓朗方廣場的地鐵站進行演奏。與平常不同的是，他身穿便裝，像一位街頭藝人。但是，有記者在旁邊拍照。有的人駐足一分鐘，有的人看一眼就走開。只有一個人停下腳步，一直聆聽他的美妙音樂。後來，一位女士當場認出他來，並表示吃驚和不解。原來這是一場實驗。

現場拍照的記者，是對行人的提示——眼前這位貌不驚人的小提琴手起碼是一位大師。然而，約夏・貝爾還是被人們忽視。原因不全是人們太過匆忙，而是他沒有穿著正式的服裝，也沒有站在舞臺上，所以即使樂音聽起來十分悅耳，人們也不會給出天籟之音的高度評價，最多是「還不錯」。如果在音樂廳，並正式打扮，聽眾也可能會給出過高評價。

其中原因就是價值歸因。人們對事物的感知和評價，會受到先前心理定位的影響，所以有時並不客觀。當人們遇到新鮮事物，會自覺或不自覺地根據現場情境——

例如事物外表、所在環境——進行價值定位，體驗後的評價會與這個定位符合。

自覺歸因的情況容易理解，不自覺歸因的情況會出現在簡單的感知和評價中。有一個實驗，將一批學生平均分成兩組，分別請他們先後品嘗A、B兩種啤酒。A啤酒是普通啤酒，B啤酒是在普通啤酒裡滴入兩滴醋。不同的是，只讓第一組同學品嘗，不告訴他們B啤酒有加醋。相反，第二組告知B啤酒有加醋。實驗結果是：第一組學生認為B啤酒比A啤酒好喝，而第二組學生喝B啤酒時，有明顯皺眉表現。

當第二組學生聽到B啤酒裡滴了醋，就已經不自覺地，或潛意識裡，給B啤酒下評價。相比之下，第一組的評價是公正的，因為他們什麼都不知道。那為什麼後一組會有相反的結論？其實他們的感受是一樣的。只不過在評論時，後一組說了假話。當一個人提前知道某種事物的資訊，會自然產生相應的預期，之後進行體驗與評價時，評價會與之前的預期保持一致，否則人會有一種背叛自己的感覺。如果人們事先認為某件東西是好的，體驗後也沒有大失所望，就會對它做出很高的評價。

多數人覺得專賣店的T恤一定比地攤貨好，香奈兒的香水比其他香水味道更加優雅迷人，都是因為日常已經接受了關於它們的價值資訊，或者在歸因效應下，或者自我預期，最終給出不真實的評價。不受這一心理影響的古董玩家，可以在地攤貨裡找到一塊極品璞玉，星探可以在群眾中發現未來明星的光芒，老師可以發現任何一位學生身上的優點並因材施教。而總是自覺或不自覺歸因的人，則常常掉進自己編織的騙局裡，無法覺察。

不自覺歸因難以克制，畢竟發自潛意識。自覺歸因卻可以避免。例如購物時，可以不用唯名牌是購，唯專賣店是購；工作不順心時，不急於歸咎外界環境，而先自我反省。

國家圖書館出版品預行編目資料

刻意觀察：從行為表象看穿真實人心/朱建國
作. -- 初版. -- 新北市：世茂出版有限公司,
2021.04
面；　公分 (銷售顧問金典；114)
ISBN 978-986-5408-47-3(平裝)

1.行為心理學　2.肢體語言　3.讀心術

176.8　　　　　　　　　　109022255

銷售顧問金典114

刻意觀察：從行為表象看穿真實人心

作　　者 / 朱建國
主　　編 / 楊鈺儀
責任編輯 / 李雁文
封面設計 / 鄭婷之
出 版 者 / 世茂出版有限公司
負 責 人 / 簡泰雄
地　　址 / (231)新北市新店區民生路19號5樓
電　　話 / (02)2218-3277
傳　　真 / (02)2218-3239（訂書專線）
劃撥帳號 / 19911841
戶　　名 / 世茂出版有限公司
單次郵購總金額未滿500元（含），請加60元掛號費
世茂網站 / www.coolbooks.com.tw
排版製版 / 辰皓國際出版製作有限公司
印　　刷 / 傳興彩色印刷有限公司
初版一刷 / 2021年04月
文化部部版臺陸字第110005號

ＩＳＢＮ / 978-986-5408-47-3
定　　價 / 320元